发现三星堆

段 渝 著

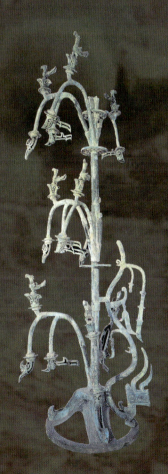

中华书局

图书在版编目(CIP)数据

发现三星堆/段渝著. —北京:中华书局,2021.11
(2023.7重印)
ISBN 978-7-101-15377-4

Ⅰ.发… Ⅱ.段… Ⅲ.三星堆遗址-考古发现-通俗读物
Ⅳ.K878-49

中国版本图书馆 CIP 数据核字(2021)第 193738 号

书　　名　发现三星堆
著　　者　段　渝
责任编辑　陈　虎
责任印制　管　斌
出版发行　中华书局
　　　　　(北京市丰台区太平桥西里 38 号　100073)
　　　　　http://www.zhbc.com.cn
　　　　　E-mail:zhbc@zhbc.com.cn
印　　刷　北京盛通印刷股份有限公司
版　　次　2021 年 11 月第 1 版
　　　　　2023 年 7 月第 5 次印刷
规　　格　开本/710×1000 毫米　1/16
　　　　　印张 22¼　字数 200 千字
印　　数　30001-40000 册
国际书号　ISBN 978-7-101-15377-4
定　　价　85.00 元

目 录

引 言

　　1986年夏秋之交，从四川广汉传出了轰动中外的重大考古新发现：在广汉三星堆遗址，连续发现两个祭祀坑，坑内出土上千件青铜器、金器、玉石器、象牙以及大量海贝，包括青铜大立人像、大量青铜人头像、人面像、青铜神树、兽面像、金杖、覆盖黄金面罩的青铜人头像等稀世珍宝①，引起世人震惊。这个重大考古新发现，一下子彻底颠

三星堆一号祭祀坑

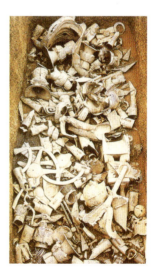
三星堆二号祭祀坑

---

① 《广汉三星堆遗址一号祭祀坑发掘简报》，《文物》1987 年第 10 期；《广汉三星堆遗址二号祭祀坑发掘简报》，《文物》1989 年第 5 期。又，现已证实，三星堆并非南城墙，南城墙尚在三星堆之南。

覆了人们对古史记载中僻处西南一隅的古蜀王国的认知，使人们第一次认识到，商代的古蜀王国，原来是一个拥有灿烂青铜文化的文明古国！从此，人们对巴蜀文化刮目相看，而三星堆则以它辉煌灿烂的青铜文明享誉世界文明史，正可谓："沉睡数千年，一醒惊天下！"

2019年，四川省启动了"古蜀文明保护传承三年行动计划"，开始了对举世闻名的三星堆遗址的新一轮考古发掘。在随后的两年时间里，考古工作者在1986年发掘的一、二号祭祀坑旁，相继发现六个祭祀坑，依次编号为三至八号坑。2021年3月，中央电视台连续三天对三星堆新发现的六个祭祀坑的发掘现场进行了直播，引起轰动。5月，四川卫视联合中央电视台又对发掘现场进行了连续两天的直播，再次引起轰动。三星堆新一轮的考古发掘，如拔地而起的旋风，迅速席卷了中外学术界和社会各界，广播电视、互联网、手机、微信、微博、报纸等各种现代传播媒体上，

三星堆出土的青铜大立人像

三星堆出土的戴黄金面罩的青铜人头像

三星堆出土的黄金面罩

三星堆出土的青铜顶尊跪坐人像出土情况　　三星堆三号祭祀坑青铜大口方尊出土情况

几乎是无处不见三星堆。截至2021年5月，在新发现的六个坑内，已提取出土青铜器、象牙、玉器、金器等524件，其他文物残片2000件，并首次发现丝蛋白和丝绸残留物，还有大量文物有待一一提取出土，将会有更多更大的惊喜重见天日。正可谓：时隔卅五年，再醒惊天下！

第一章

三星堆：文明的重现

三星堆遗址的发现与研究，是从广汉真武宫玉石器坑的发现和成都白马寺坛君庙青铜器的发现与研究开始的。

一、探索与期待

　　1929年（一说1931年春），四川广汉县（今广汉市）城西十八里太平场附近真武宫南侧燕氏宅旁发现大量玉石器，其中不少种类在形制上与传世和其他地区出土的同类器型不同，引起有关方面的注意。1930

1929 年燕道诚与家人合影

葛维汉、林名均在广汉考古发掘时留影

年，英籍牧师董宜笃（A.H.Donnithone）函约成都华西大学教授戴谦和（D. S. Dye）同往调查，获得一批玉器。戴氏据此撰《四川古代石器》（*Some Ancient Circles, Squares, Angles and Curves in Earth and in Stone in Szechwan*），备记其事，并对器物用途等略加探讨。该文发表于华西大学华西边疆研究学会主办的英文杂志《华西边疆研究学会会志》（*Journal of the West China Border Research Society*）第4卷（1934年）。1932年秋，成都金石名家龚熙台称从燕氏购得玉器4件，撰《古玉考》一文[1]，认为燕宅旁发现的玉器坑为蜀望帝葬所。1934年，华西大学博物馆葛维汉（D. C. Graham）教授及该馆助理馆员林名均应广汉县政府之邀，在燕宅旁正式开展田野考古发掘，颇有收获，由此揭开了日后三星堆文化发掘与研究的序幕。

1934年7月9日，时旅居日本并潜心研究甲骨文的郭沫若在给林名均的回信中，表达了他对广汉发掘所取成果的兴奋心情，并认为广汉出土玉器与华北、华中的发现相似，证明古代西蜀曾与华中、华北有过文化接触。他还进一步从商代甲骨文中的蜀，以及蜀曾参与周人克商等史

---

[1] 龚熙台：《古玉考》，《成都东方美术专科学校校刊》创刊号，1935 年。

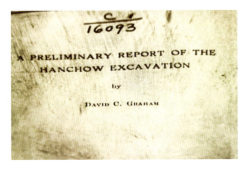

葛维汉论文

林名均论文

料出发，认为广汉遗址的时代大约在西周初期。

　　1936年，葛维汉将广汉发掘及初步研究成果撰成《汉州发掘初步报告》（*A Preliminary Report of the Hanchow Excavation*），发表于《华西边疆研究学会会志》第6卷（1936年）。林名均亦撰成《广汉古代遗物之发现及其发掘》一文，发表于《说文月刊》第3卷第7期（1942年）。两文均认为出土玉石器的土坑为墓葬。至于年代，葛维汉认为其最晚年代为西周初年，约当公元前1100年；林名均则将广汉文化分为两期，认为文化遗址的年代为新石器时代末期，在殷周以前，坑中所出玉石器则为周代遗物。

　　1946年7月，华西大学博物馆出版了郑德坤教授的《四川古代文化史》，把"广汉文化"作为一个专章加以讨论研究，不同意葛维汉、林名均提出的墓葬之说，认为广汉出土玉石器的土坑应为晚周祭山埋玉遗址，其年代约为公元前700—公元前500年；广汉文化层为四川新石器时代末期遗址，在土坑时代之前，其年代约在公元前1200—公元前700年之间。

《四川古代文化史》书影

白马寺坛君庙发现的青铜器纹饰

白马寺坛君庙发现的青铜器纹饰

广汉发掘尤其"广汉文化"的提出，表明当时的学者对广汉遗物与中原文化有异有同的现象开始给予了关注。不过，由于种种原因，广汉文化在当时并没有引起更多学者的特别重视。

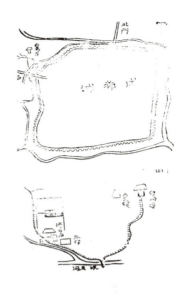

20世纪40年代，学术界发生了一场绵延至今的论争，引出了对这个谜一样的古蜀王国面目的逐步揭示。

自1920年代开始，在成都西门白马寺坛君庙，不时发现青铜器，以兵器为多，形制和花纹与人们常见的中原青铜器有异，流散到各地以至海外，被一些收

卫聚贤所绘成都白马寺坛君庙位置图

藏家所藏，称引为"夏器"。抗日战争爆发后，大批学者云集四川，见到这批造型奇特的青铜器，产生了很大兴趣，于是开始了对它们的来源、系属甚至真伪的专门研究。

《说文月刊》书影

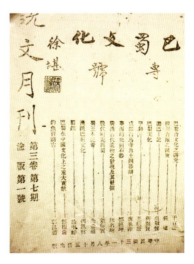

《说文月刊》"巴蜀文化专号"目录页

郭沫若与卫聚贤

当时的学者卫聚贤详细搜集资料,写成两篇考释论文,均题为《巴蜀文化》,先后发表在具有很大影响力的《说文月刊》上。经过初步研究,卫聚贤认为,这批青铜器是古代巴蜀的器物,年代可以早到商代①。

《论巴蜀与中原的关系》书影

卫聚贤的文章刊布后,在学术界引起了轩然大波。一些知名学者力驳卫说,认为卫文所举青铜器,不是中原兵器,便是伪器。如金石甲骨学家商承祚、考古学家郑德坤等,都不同意卫聚贤的看法。在当时四川尚未开展科学的考古工作的情况下,人们大多还是信奉古人言:"蜀无姓""不晓文字,未有礼乐",当然也便会否定巴蜀青铜器以至巴蜀文化的存在了。

可是,由"巴蜀文化"所引起的学术论争,并没有因此而沉寂下去。

---

① 卫聚贤:《巴蜀文化》,《说文月刊》第 3 卷第 4 期,1940 年;第 7 期,1942 年。

　　1941年，古史辨派大师顾颉刚经过仔细搜集古史，以其雄才大略写成并发表了重要论文——《古代巴蜀与中原的关系说及其批判》，彻底否定几千年来人们信奉不二的"巴蜀出于黄帝说"，首次提出"巴蜀文化独立发展说"，认为古代蜀国融合中原文化乃是战国以来的事[①]。这篇论文，实际上提出了中华文明多元起源，以及古蜀文明起源等重大问题，只是限于当时条件，未将这个重大课题再行具体化。

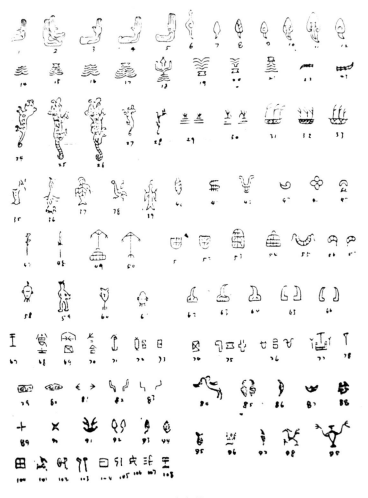

巴蜀文字符号

① 顾颉刚：《古代巴蜀与中原的关系说及其批判》，《中国文化研究汇刊》1941年9月1卷。

巴蜀古史的讨论激发了一大批著名学者的热情,他们纷纷著文参加讨论,各抒己见。甲骨学家们也满怀激情地参加到拨开古蜀王国历史迷雾的研究行列中来。郭沫若根据甲骨文上的"蜀"字,断定蜀"乃殷西北之敌"[1]。陈梦家认为甲骨文中的"蜀",是西南之国[2]。董作宾不仅断言甲骨文中的"蜀"约当今之陕南或四川境,而且进一步根据甲骨文所载商、蜀关系,指出蜀为商王朝西南的大国[3]。

与此同时或前后,还有一批学者对古蜀王国的历史、传说、交通以及物质文化进行了探讨,获得了可喜的成果。

然而,上世纪40年代的论争,大多建立在文献考订的基础上,由于年湮代远,文献难征,又缺乏科学的考古材料的支持和验证,所以往往只能提出问题,还谈不上对古蜀王国历史的复原,更谈不上给以科学的解释。

1950年代后,科学的考古事业飞速发展,一批又一批古蜀文化遗存、遗迹和遗物不断重见天日,为重新探索古蜀王国之谜提供了契机。

冯汉骥在考古现场

① 郭沫若:《卜辞通纂》,科学出版社1983年版,第119页。
② 陈梦家:《殷代地理小记》,《禹贡》第6、7卷合刊,1937年。
③ 董作宾:《殷代的羌与蜀》,《说文月刊》第3卷第7期,1942年。

　　徐中舒率先在《巴蜀文化初论》中指出，古代四川是一个独立的经济、文化区，与中原既有经济联系，又受中原文化的影响，不过语言文字和社会组织与中原并不相同[①]。蒙文通详细研究了史料，认为古蜀原来是一个小国，发祥于岷山一带，后来下迁至成都平原，经过治水，农业发达，形成了灿烂的文化[②]。

　　在这一时期，由于新繁水观音遗址和墓葬、广汉中兴遗址、成都周围的遗址和墓葬以及彭州竹瓦街青铜器窖藏等的发现，使学术界认识到，古蜀国的物质文化可以确切地追溯到殷周时期[③]。冯汉骥还根据古蜀的各种物质文化遗存，认为古蜀大约在殷周之际即已进入阶级社会，考古学上的巴蜀文化，仅是一种青铜时期的文化[④]。

　　到了20世纪80年代，学术界对于古蜀王国的历史，可以说已最大限度地挖掘了考古材料和文献资料，做了最大限度的努力，廓清了前人的许多疑问，对于春秋战国的古蜀史有了比较明确的看法，尤其对古蜀青铜器的研究有了长足进展，对于巴蜀文字的研究也进入了新的认识阶段。到这个时候，几乎再也没有人怀疑古蜀王国具有悠久的历史，再也没有人怀疑古蜀王国的历史可以上溯到夏商时代了。

　　然而，这个历史如此悠久的古蜀王国，它的政体、性质、王权结构、统治范围、规模、文明程度究竟是怎样的，却一直困扰着历史学家和考古学家。学术界在探索中期待，在期待中探索，人们坚信，古蜀文明的曙光就要从地面下重新照射出来！

二、文明的曙光

　　经过考古工作者多年的辛勤发掘，三星堆古蜀文化遗址终于透出了3000多年以前古代文明的光芒。

----

① 徐中舒：《巴蜀文化初论》，《四川大学学报》（社会科学版）1959 年第 2 期。
② 蒙文通：《巴蜀史的问题》，《四川大学学报》（社会科学版）1959 年第 5 期。
③ 中国科学院考古研究所编：《新中国的考古收获》，文物出版社 1961 年版，第72—74 页。
④ 冯汉骥：《西南古奴隶王国》，《历史知识》1980 年第 4 期。

三星堆一号祭祀坑　　　　　　　　　　　　　三星堆二号祭祀坑

　　广汉三星堆遗址发现于1929年（一说1931年）。1934年，华西大学葛维汉、林名均等首次在三星堆进行了考古发掘。1963年，四川省博物馆和四川大学联合对三星堆遗址进行了发掘。1980年，四川省文物管理委员会考古队在三星堆试掘和发掘，获得了丰富的考古资料：发现房屋遗迹18座、灰坑3个、墓葬4座、玉石器110多件、陶器70多件及10万多件陶片。继而，1982年在三星堆南侧进行发掘，发现了窑址。1984年，在三星堆北面的真武宫西泉坎进行发掘，出土了大量陶、石器，发现了大量石璧成品、半成品和废料以及房屋基础。1986年，四川省文物管理委员会与四川大学历史系考古专业联合进行发掘，出土陶器、雕花漆器等器物2000余件、灰坑109个、房址数十处。同年夏秋之际，还发现了举世闻名的一号、二号祭祀坑[①]。此后，在广汉三星

①《广汉三星堆遗址》，《考古学报》1987年第2期；《广汉三星堆遗址一号祭祀坑发掘简报》，《文物》1987年第10期；《广汉三星堆遗址二号祭祀坑发掘简报》，《文物》1989年第5期；陈显丹：《广汉三星堆遗址发掘概况、初步分期——兼论"早蜀文化"的特征及其发展》，《南方民族考古》第2辑，1990年。

留存至今的三星堆古城遗址

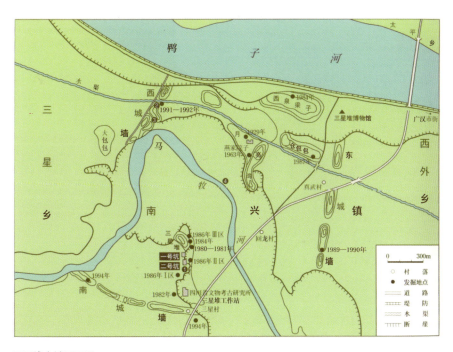

三星堆古城平面图

堆遗址还开展了多次发掘，有1988—1989年东城墙的发掘，1991—1992年西城墙的发掘，1995年南城墙的发掘，1997年11月—1998年5月仁胜村土坑墓的发掘等①。

20世纪80年代中期以后的几次系统调查还表明，三星堆遗址是由6个大的遗址区域组成的大型遗址群，总面积达12平方公里。在三星堆遗址的东、西、南部，发现了巨大的城墙，东城墙长1800多米，西城墙残长800多米，南城墙长约210多米。调查和勘测结果表明，三星堆古城东西长1600至2100米，南北宽1400米，现有总面积3.6平方公里。城墙的始筑年代，约当中原的早商时期，为三星堆遗址第二期②。

在三星堆遗址周围的广汉、什邡、彭州、新都等地区，还调查到十余个相当于三星堆上层文化的古遗址，其中比较重要的有广汉金鱼乡石佛寺遗址、兴隆乡烟堆子遗址、什邡市人民——新安遗址等③。

巨大的城墙、高贵的宫殿区、盛大的祭祀区、密集的生活区、居住区、作坊和众多的文化遗迹、大批珍贵文物，以及周围遗址的分布形

三星堆二号祭祀坑出土戴黄金面罩的青铜人头像　　三星堆二号祭祀坑出土青铜人头像

① 陈德安：《三星堆遗址的发现与研究》，《中华文化论坛》1998年第2期。
② 陈德安、罗亚平：《蜀国早期都城初露端倪》，《中国文物报》1989年9月15日。
③ 陈德安：《三星堆遗址的发现与研究》，《中华文化论坛》1998年第2期。

三星堆二号祭祀坑出土青铜纵目人面像

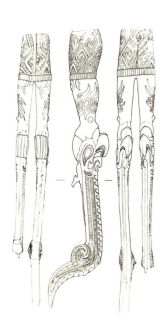

三星堆出土青铜鸟脚人像　　　　三星堆出土青铜鸟脚人像线描图

三星堆二号祭祀坑出土青铜喇叭座顶尊人物像

三星堆二号祭祀坑出土青铜鸟身人面像

态，初步显示出三星堆遗址的重要意义，闪耀出早期文明的曙光。这一切，把令人惊异而陌生的古蜀文明和古蜀王国重新展现在人们眼前。

1986年夏秋之交，更为令人惊异并且轰动中外的重大考古新发现又传出来：在三星堆遗址连续发现两个祭祀坑，其中发现上千件青铜器、金器、玉石器、象牙以及大量海贝[1]。这一重大考古发现，彻底改变了人们对古蜀王国的认识，使人们第一次认识到商代的古蜀王国，原来是一个拥有灿烂青铜文化的文明古国！

多年的三星堆遗址考古发掘，已经把古蜀王国的一些基本结构揭示出来了，从而大大弥补了古代文献不足征的缺陷，为学术界研究、揭开古蜀王国之谜提供了一把钥匙。古蜀王国，这个3000多年前的神秘王国的大门，就要向我们敞开了。

三星堆文明的内涵之丰富、文物之辉煌、特色之鲜明，显示出它是中华文明"多元一体"起源发展中特色独具的重要一元，是中华文明的组成部分之一，是长江上游的古代文明中心。

三星堆文化是在成都平原高度发展的新石器文化的基础上，主要吸收并凝聚了中原、西北和长江流域文明的文化精华，并兼收并蓄了世界文明的某些因素，从而发展形成的一种高度发达的古代文明。

---

[1]《广汉三星堆遗址一号祭祀坑发掘简报》，《文物》1987年第10期；《广汉三星堆遗址二号祭祀坑发掘简报》，《文物》1989年第5期。

第二章

三星堆：神权政体与文明

距今三四千年前，在今广汉三星堆遗址一期文化（宝墩文化）的废墟上，高高耸立起坚固而厚实的城墙，城墙外掘有深深的壕沟。南城墙内的两个祭祀坑内，埋藏着数以千计、举世罕见的大型青铜制品、黄金制品、玉石制品、象牙和海贝。方圆达3.5平方公里的城圈内，分布着密集的文化遗存，有宫殿区、宗教区、生活区和作坊区，出土大批玉石礼器、陶制容器、陶塑工艺品和雕花漆木器。在一些陶器表面，还赫然醒目地刻画着一些文字符号。这一切，都确凿无疑地表明，在广汉三星堆遗址，城市、文字（符号）、青铜器、大型礼仪中心等多个文明要素不仅都已同

新津宝墩古城墙遗址的西城墙

三星堆一、二号祭祀坑出土器物情况

时、集中地出现，而且还发展进化到相当高的程度，它显然标志着古蜀文明时代已经来临。相应地，城乡分化、阶级分化、社会分层、权力集中，也已发展到新的历史阶段，一个植根于社会而又凌驾于社会之上的古蜀王国已经形成。这一切都再清楚不过地表明，一个灿烂的古代文明中心，已经诞生在古蜀深厚而广阔的大地上。

三星堆一号祭祀坑出土的虎形金箔饰　　　　　三星堆出土的海贝

三星堆出土的陶容器　　　　　　　　　　　三星堆出土的玉石器上的刻画符号

一、文明的创造

　　三星堆文化是长江上游地区最早的古代文明，它的初创年代约在公元前2000年左右，稍晚于中原夏王朝，而它的终结约在公元前1000年左右，相当于中原商王朝的晚期[①]。三星堆古蜀文明雄踞西南，连续发展千年之久，对于一个文明古国或古王朝来说，这在中国古代史上是不多见的。

　　古蜀之所以能在距今三四千年前就创造出如此辉煌的古代文明，这与它深深地植根于博大而深厚的基础分不开，即它是立足于农业的

────────────

① 这里的三星堆文明分期，是基于"宝墩文化—三星堆文化—十二桥文化"这种序列划分。如据另一种分期方法，则三星堆文明的下限应在公元前600年左右。另有学者认为三星堆文明的年代为西周。

长足发展、手工业的巨大进步、商业贸易关
系的广泛建立、科学知识的积累创新，以及
与其他古文化的密切联系和交流。

　　三星堆遗址出土的青铜器和陶器，有
相当一部分属于酒器，显示出发达昌盛的
酒文化。大量酿酒，必然以粮食的大量剩余
为前提，可见农业发展之一斑。《山海经·
·海内经》载：

三星堆遗址出土的陶酒器

　　　　西南黑水之间，有都广之野，后稷葬焉。其城方三百里，盖天下之
　　中，素女所出也（此十六字原脱入郭注，今据郭注、郝疏并王逸注《楚
　　辞·九叹》所引补）。爰有膏菽、膏稻、膏黍、膏稷，百谷自生，冬夏播琴
　　（毕沅云："播琴，播种也。"）。

文中，"都广"乃广都之倒文，都广之野即成都平原。可见古蜀农业发
达，是文明起源最重要的前提。

三星堆二号祭祀坑出土的黄金制品

　　三星堆祭祀坑内出土的黄金制品和大型青铜器群，气势宏伟，蔚为
大观。其中的青铜雕像群，如青铜大小立人像、跪坐人像、人头像、人
面像、兽面像、神树，以及金杖、金面罩等，都是中国首次发现的稀世之
宝，价值极高，而又与中原夏商文化判然有别。大批玉石礼器和陶、漆

工艺品，都展现出高超的技术水平，从而
体现出细密的分工和生产的专门化。青
铜器制作所必需的采矿、运输、冶炼、合
金、铸造加工等环节，也无一不是分工协
作的有力证据。可见，经济部门的分化，
大批脱离食物生产的手工业者的技术专
门化，为青铜时代的到来奠定了知识、技
术和生产者队伍的雄厚基础。

三星堆二号祭祀坑出土青铜人头像

　　三星堆遗址出土的大量海贝，背上多
有穿孔，学者们多认为是贝币，反映出商
业的繁荣。而海贝本身，以及六七十支象牙[①]，也正是远程贸易的实物
见证。青铜器所必需的铜料锡料，也是通过贸易进口。这些说明贸易已
不是偶然现象，它已从获取生产原料，进一步发展到获取王权所及的
一切奢侈品。

　　丰富的科学知识、高超的技术和伟大的艺术，共同融进作为创造
性产物的各种物质形式之中。从金、玉到陶、石，从青铜器到建筑物，都
是它们直接而具体的表现。其中也包含不少通过交流从外部移入的文
化因素。如中原商文化中的青铜礼器，近东文化中的青铜雕像、权杖等
文化形式[②]。正是由于广泛深入的文化交流，才使古蜀文明具有世界文
明的色彩，使它成为一种富于开放性特点的灿烂的古代文明[③]。

　　从广泛的意义上说，三星堆文明又是上古四川盆地及周边各族共

[①] 据发掘报告，三星堆一号坑出土大象门齿 13 根，二号坑出土象牙 67 件、象牙珠
　　120 件以及四种象牙器残片（四川省文物考古研究所编：《三星堆祭祀坑》，文物
　　出版社 1999 年版，第 150、413、417 页），二号坑出土的整支象牙数量不可确知，
　　一般将三星堆祭祀坑出土的象牙数量笼统计为六七十支。
[②] 段渝：《巴蜀是华夏文化的又一个起源地》，《社会科学报》1989 年 10 月 19 日；《论
　　商代长江上游川西平原青铜文化与华北和世界文明的关系》，《东南文化》1993
　　年第 2 期。
[③] 段渝：《古蜀文明富于世界性特征》，《社会科学报》1990 年 3 月 15 日。

三星堆出土的青铜器

三星堆出土的海贝

三星堆三号祭祀坑象牙出土情况

同创造的伟大成果。例如，文献记载古蜀文化的初创者三代蜀王，来源于岷江上游地区；而四川盆地以北的陕南汉中盆地，以东的长江三峡以至鄂西宜昌地区，以南的大渡河和青衣江地区，又是三星堆文明辽阔的空间构架中的重要战略支撑点。这就表明，三星堆文明的创造，一方面是古蜀史前文化高度持续发展的结果，另一方面也与其文化因素的多元性来源分不开。因此，三星堆文明的基本结构框架，同样是多元一体，而不是一元形成的。

二、神权政体的物化表现

广汉三星堆遗址的发掘，尤其是一、二号祭祀坑的相继发现，揭示出了古蜀王国的王权与神权之谜。它使我们

商代的青铜罍

商代的青铜尊

深刻地认识到，夏商时代的古蜀文明，是一种高度发达的神权文明；夏
商时代的古蜀王国，是一个实行神权政治的国家，三星堆遗址便是这
个神权文明的政治中心之所在。

（一）金杖与雕像

三星堆一号祭祀坑出土的一柄金杖，十分引人注目。这柄金杖是用
较厚的纯金皮包卷而成的金皮木芯杖，杖长143厘米，直径2.3厘米，净
重463克。杖的上端有一段长46厘米的平雕纹饰图案，分为三组：最下一
组线刻两个前后对称、头戴锯齿状冠、耳垂系三角形耳坠的人头。上面
两组图案相同，下方为两背相对的鸟，上方为两背相对的鱼，鸟的颈部和

三星堆一号祭祀坑出土的金杖及图案　　　　　　　金杖局部

鱼的头部压有一支羽箭①。

由于这柄金杖与大量青铜礼器、青铜人头像、人面像、玉石器、象牙、海贝等巨大的物质财富同出一坑，也由于用杖象征权力是司空见惯的文化现象，不少学者因而称它为"王权杖"，或简称为"权杖"。

三星堆二号祭祀坑出土的青铜大立人像（局部）

三星堆金杖的确是一柄权杖，但是它的权力象征系统还远远不止于此，还要深刻广泛得多。金杖杖身上端的三组人、鱼、鸟图案，可以充分表明金杖既被赋予人世间的王权，又被赋予宗教的神权，它本身既是王杖，又是神杖，是政教合一的象征和标志。

金杖上的人头图案，头戴兽面高冠，耳垂三角形耳坠，与二号祭祀坑所出蜀王形象造型——青铜大立人像相同，表明杖身所刻人头代表着蜀王及其权力。鱼、鸟图案的意义在于，鱼能潜渊，鸟能飞天，它们是蜀王的通神之物，具有龙的神化般功能。而能够上天入地、交通于神人之间的使者，正是蜀王自身。所以，金杖不仅仅是一柄王杖，同时也是一柄神杖，是用以沟通天地、人神的工具和法器。《淮南子·地形训》说："建木在都广，众帝所自上下。"都广即是《山海经·海内经》中的"都广之野"，指成都平原；而所谓"建木"，或许就是三星堆出土的青铜神树。既然众神从这里上下于天地，那么金杖上的鱼、鸟，便能够通过金杖那无边的法力，沟通人神、挥洒自如了。自然，与鱼、鸟同在图案上的蜀王，就是指挥、支配人神之间交际的神了。

金杖的含义还不止于此。杖用纯金皮包卷，而黄金自古视为稀世

---

① 四川省文物考古研究所：《三星堆祭祀坑》，文物出版社 1999 年版，第 60—62 页。

珍宝，其价值远在青铜、玉石之上。因此使用黄金制成的权杖，又表现出对社会财富的占有，象征着经济上的垄断权力。所以说，三星堆金杖有着多种特权复合的象征意义，标志着王权（政治权力）、神权（宗教权力）和财富垄断权（经济权力）。这三种特权的同时具备，集中赋予一杖，就象征着蜀王所处的最高统治地位。同时，它还深刻地反映着夏商时代的古蜀王国，是一个彻头彻尾的神权政体；而夏商时代的古蜀文明，当然也是一个彻头彻尾的神权文明。

三星堆一、二号祭祀坑内出土的大量青铜雕像，分为人物雕像、动植物雕像等两大类。其中，青铜人物雕像包括各种全身人物雕像、人头雕像和人面像①。全身人物雕像中的最大者通高260厘米，最小者仅高3厘米左右；既有站立，又有双膝踞坐和单膝跪地等姿态的造型。人头雕像的大小，一般同真人接近；根据发式、服式和脸型，可以分作几种不同的形式。人面像包括几个不同的形式，最大一尊通高65厘米，通耳宽138厘米，厚0.5—0.8厘米。此外，还出土数具

三星堆二号祭祀坑出土的青铜大立人像

---

① 四川省文物考古研究所：《三星堆祭祀坑》，文物出版社1999年版。

三星堆二号祭祀坑出土的青铜人头像

纯金打制成的金面罩。二号祭祀坑出土一尊青铜人头雕像，面部还戴着一具金面罩。动植物雕像包括鸟、鸡、蛇、夔、龙、凤等造型，还有六棵青铜神树，最大的一棵高达3.96米。

三星堆一、二号祭祀坑出土的数百件青铜人物雕像、人头像、人面像、兽面像，各种各样的动植物雕像以及黄金面罩、青铜神树等，五光十色，光怪陆离，构成阴森、威严、凝重、恐怖而又庄严肃穆的巨大青铜空间，处处充溢着令人望而生畏的神秘王国氛围[1]。这正是神权政治中心的典型形式，目的之一，在于通过各种重型物质的复杂组合形式及其必然对人产生的巨大精神压力，来显示王权与神权至高无上的权威和力量。可以看出，三星堆遗址出土的大型青铜雕像群，毫无疑问是古蜀王国大型礼仪中心的主要器物组合，它们都是古蜀王国神权政体的物化表现形式。

古代社会从酋邦演变为国家时，一个普遍的历史现象是政治的宗教化和政治权力的宗教化。通过把政治行为转化为宗教行为，使政治需要转化为宗教需要，利用宗教的社会功能操纵和控制广大民众的

三星堆二号祭祀坑出土的小型青铜侧跪人像

---

[1] 段渝：《古代中国西南的神秘王国》，《丝语中文时报》（伦敦），1996 年 6 月号。

三星堆二号祭祀坑出土的凤冠铜鸟

三星堆一号祭祀坑出土的金面罩

三星堆二号祭祀坑出土的青铜神树

三星堆二号祭祀坑出土的青铜人面像

意识形态，操纵和控制广大民众的各种行为，从而在这个过程中实现政治权力的合法化。

三星堆二号祭祀坑出土的青铜纵目人面像

差不多在每一个古代文明当中，都可以见到标志神权无限强大、无尚崇高的物质象征物。这一类象征物，大多属于重型物质（如土、石、金属等）的庞大堆积和空间组合（如巨大的城墙、石雕、青铜器或黄金器物的不同组合等），或者是观念形态上的超自然崇拜物。比如，三星堆文化一至三期（三星堆遗址二至四期）连续使用的巨大的城墙，连续使用并且在制作工艺上精益求精的鸟头把

三星堆出土的陶鸟头勺把

勺，以及一、二号祭祀坑所埋藏的宏大的青铜制品群，就是这类重型物质的庞大堆积和空间组合，以及观念形态上的超自然崇拜物。巨大的城墙，既是神权无限强大的象征，又是神权构造物的巨型标志；宏大的青铜制品群，既是神权交通天地的象征，又是各级统治者自身神力的标志；鸟头勺把，既是祭祀礼仪场合舀酒的神器——它的鸟头形制极似鱼鹰，来源于上古时代鱼凫王族群的徽记，是王族的神圣象征，又是王族家天下统治的权力标志。又如，作为中原夏商周三代国家政权象征物"九鼎"上的图案，和青铜器上的动物纹样，大都属于此类超自然崇拜的象征物。

在更早的时代，也有物化的超自然崇拜物。例如，良渚文化玉器中的神人，红山文化、陶寺墓地等的龙，大地湾的龙，濮阳的龙与虎等等，都是较早时期超自然崇拜观念的物化形式或形象化。这些例子发生在新石器时代的晚期，那时的社会还是酋邦制社会，属于文明起源的时

代,政治权力已趋于集中化发展,有了神化权力的需要。这一时期由权力的集中所产生的对超自然崇拜物的物化表明,以这类超自然崇拜物作为权力象征的现象,早在文明起源时代就已经产生。

红山文化玉猪龙

文明时代初叶,国家的统治者往往不是通过新发明创造出一种超自然崇拜物,而是通过控制早在前一时代即文明起源时代已经产生、存在并在民众中形成了传统的超自然崇拜物,作为神化国家权力的象征物,从而达到既能控制民众的思想,又能使权力充分合法化的双重目的。由于控制、操纵了民众传统意识形态方面的信仰象征物,就可以宣称自己是人神交通的唯一代表者,直接降神、迎神、通神,代神宣言,代表神的意志,对民众行使神的制裁、审判、惩罚等权力。《国语·楚语下》所记载的重、黎"绝地天通",就是一个十分典型的例证。周人声称自己代天"改厥元子",也是一个十分典型的例子。古蜀三星堆文明的创建者鱼凫王,利用早已产生的本族崇拜物鱼鹰(即鱼凫)作为国家权力的神圣化象征,同样也是十分典型的例子。

河南濮阳出土蚌塑龙虎遗迹

由于文明初兴时代宗教的风行不衰,人们的价值观念、意识形态均随宗教价值观和意识形态的转移而转移,而多数宗教崇拜又必须有一个有形的、看得见的物体形式作为标志物、象征物,人们的超自然崇拜观念均以此为寄托;所以,一旦统治者控制了一个社会的宗教象征物，也就控制了整个社会民众的意识形态。于是，通过政治权力的宗教化，阶级统治成为合法。

政治权力的宗教化，意味着政教合一的政治体制，政权与神权处于同等重要的位置，国家元首同时也是最高宗教领袖。正如陈梦家先生所说："既为政治领袖，又为群巫之长。"① 这是文明初兴时代盛行一时的风气和特征。如商王朝，有字甲骨是为了卜问天意，向神陈情，而卜辞为商王室所控制，除由贞人代王室卜问外，还有不少王卜辞，表明商王是亲自占卜的，意味着商王就是最高神权领袖。文献记载周伐商，周人宣称"惟恭行天之罚"②，声言"皇天上帝，改厥元子，兹大国殷之命"③，一方面表明周人借用神意来取代商王朝政权，另一方面则表明商王确为政治领袖兼宗教领袖。古蜀王也是这样。三星堆一号祭祀坑出土的金杖，上有人头、鱼、鸟图案，一般认为它们是鱼凫王的合成形象。将鱼凫这一族群的传统神物与王者形象直接结合为一体，更是活生生地表现了鱼凫王既为最高政治领袖又为最高宗教领袖的至高无上地位，切实证明三星堆古蜀文明是实行神权政治、政教合一的古代文明。

成都新津宝墩遗址（东侧城墙）

---

① 陈梦家：《商代的神话与宗教》，《燕京学报》第 20 期，1936 年。
②《尚书·牧誓》。
③《尚书·召诰》。

应当指出，政治权力的宗教化，归根结底，其实质仍然是权力的世俗化，神化了的政治权力，只是世俗权力的一种实现形式罢了。因为，任何宗教化了的权力，都是建立在对民众统治基础之上的，没有这个世俗的前提，就不会产生神权。假如鱼凫王没有征服蚕丛氏和柏濩氏，没有占领三星堆遗址一带广阔的地域，就绝不可能在三星堆遗址一期文化（宝墩文化）的废墟上，创建出一个灿烂辉煌的古代文明，也就绝不可能诞生出古蜀王国这样一个高度发达的神权政体。

郫都区望丛祠内纪念鳖灵的"古丛帝之陵"

（二）神树与众帝

三星堆出土的6棵青铜树（已复原两大一小[①]），树座呈圆形，有的座上铸有武士形象的铜人雕像，背朝树干，面向外下跪，俨然一副虔诚的神树守卫者形象，有的神树的果实柄部还包卷着金箔。这种情形，竟与著名文化人类学家弗雷泽（James George Frazer）在其名著《金枝》（*The Golden Bough*）中所描写的情景一致，当然不是偶然的。

[①] 据《三星堆祭祀坑》，三星堆二号祭祀坑出土大型神树两件，小型神树残件可分为四个个体。见该书第214、219页。

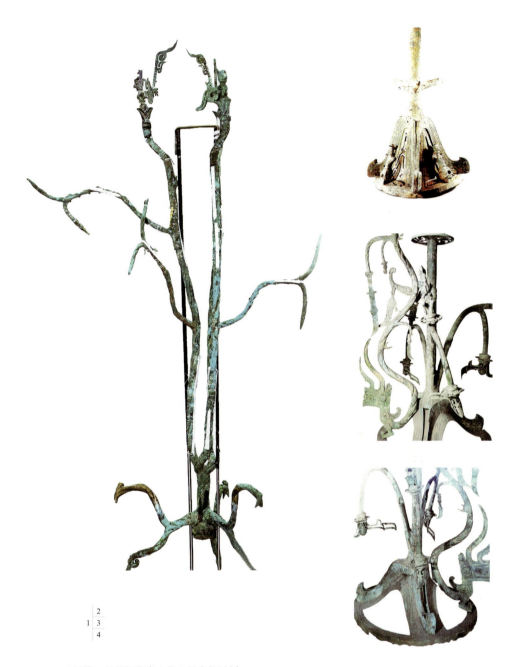

<table>
<tr><td rowspan="3">1</td><td>2</td></tr>
<tr><td>3</td></tr>
<tr><td>4</td></tr>
</table>

1. 三星堆二号祭祀坑出土的 3 号青铜神树
2. 三星堆二号祭祀坑出土的 2 号青铜神树座上的跪姿青铜人像
3. 三星堆二号祭祀坑出土的 1 号青铜神树（局部）
4. 三星堆二号祭祀坑出土的 1 号青铜神树（局部）

1号青铜神树上，有三层九枝茂盛如锦的树枝、花朵，每一花朵上都有一立鸟，树干上有一带翅悬龙，还有铃等挂饰。从它们的形态看，有可能就是所谓"建木"，是著名的神树。

《山海经·海内南经》这样说到"建木"：

> 有木，其状如牛，引之有皮，若缨、黄蛇。其叶如罗，其实如栾，其木若芑，其名曰建木。

《山海经·海内经》对"建木"也有大体相同的记载。郭璞注释"建木"云：

> 建木青叶、紫茎、黑华、黄实，其下声无响，立无影也。

建木所在及其功能，《淮南子·地形训》说道：

> 建木在都广，众帝所自上下，日中无景，呼而无响，盖天地之中也。

高诱注释道：

> 众帝之从都广山上天还下，故曰上下。

高注于义虽然得之，但说"从都广山"则未达一间①。众帝上天还下，是经由"建木"这种神树，而不是经由都广山上下。既然建木是众帝往返于天地之间的神树，那么它显然也就是登天之梯了，是天人之间的通道。

都广在何处呢？《山海经·海内经》记载：

> 西南黑水之间，有都广之野，后稷葬焉。其城方三百里，盖天地

---

① 参考袁珂：《山海经校注》，上海古籍出版社 1980 年版，第 450 页。

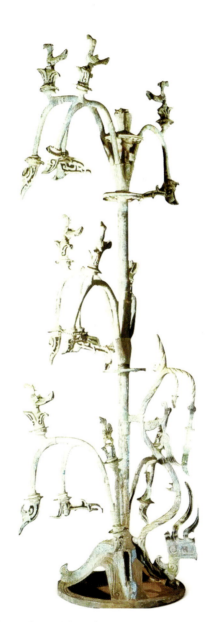

三星堆二号祭祀坑出土的青铜神树（高 396 厘米、底座直径 93 厘米）

三星堆一号祭祀坑出土的青铜
人头像

之中，素女所出也，爰有膏菽、膏稻、膏黍、膏稷，百谷自生，冬夏播琴。鸾鸟自歌，凤鸟自儛，灵寿实华，草木所聚。爰有百兽，相群爰处。此草也，冬夏不死。

这个都广之野，不仅名称与《淮南子·地形训》所记载相同，而且草木亦合于《海内南经》等的记载。所说的"都广"，《后汉书·张衡传》注、《史记·周本纪·集解》等均引作"广都"，可见实为"广都"的倒文。杨慎的《山海经补注》说："黑水广都，今之成都也。"从诸史《地理志》可见，广都正在成都平原，为今成都市双流区境。这就是说，古籍中所载"众帝上天还下"的建木，就在成都平原古蜀王国的故土。

三星堆二号祭祀坑出土的青铜人头像

　　三星堆位于成都平原中部，出土的青铜神树在形态上大体与文献所说"建木"相合，而且因为用铜制成，枝叶中有铜制的铃，所以能够"呼而不响"。又因神树置于高高的神坛之上，自坛下望见，即使日当午时，也能够"日中无景"。并且，三星堆古城为蜀王之都，是古蜀国的神权政治中心之所在，所以又被称为"天地之中"。可见，三星堆出土的青铜神树，极有可能就是所谓的建木，也就是蜀人的天梯。

《淮南子·地形训》说，众帝在都广建木上下于天地之间，这"众帝"便是古蜀王国的君长兼大巫师，即蜀国的神权政治领袖们。

郫都区望丛祠内纪念杜宇的"古望帝之陵"

"帝"字在汉语古文字中有特殊意义。帝原本是一个祭名，后来演变成天人之际的主神，殷墟卜辞中有"帝使风""帝令雨"等辞例，表明了帝凌驾于诸神之上的崇高地位。帝虽然不是被中原视为"左言"的蜀语，但《淮南子》成书于西汉，是用汉人的语言文字记录的蜀人关于主神的概念。至于帝在蜀语中的音读，由于蜀语早已消失，无从稽考。

三星堆一号祭祀坑出土的青铜爬龙柱形器

古蜀人的诸神当中，唯有众帝能够上天还下，高于群神之上。既然如此，帝作为主神的地位，便可得到充分确定。帝与群神的关系，犹如众星拱月，是主神与群神的统率关系。这种关系，带有"神统"的结构特点，正是人世间"君统"结构的反映，折射出当时的社会生活、政治生活和宗教生活。这个神统，又与三星堆青铜像群中青铜大立人与其他雕像所形成的主从结构特点相一致，而这正是宗教最重要的社会功能。

从《淮南子·地形训》来看，古蜀国的帝是拟人神，有生命，有灵魂，有意志，基本功能是"替天行道"，为天神代言。而天神基本上是虚拟的，既无实体，又无形象，只有意志，虽然神力无边，却须通过帝来传达意志。因此，在实际的宗教生活中，帝才是最重要的角色。由于这样，蜀王才借助于法器（神杖），施展法术（各种仪式），使自己扮演帝的角色，俨然而成神权政治领袖。

由此可见，神权不过是神化了的王权，却掩盖在宗教外衣之下，实行神治，使文明的曙光带着一种野性而神秘的光环。

三、神权的功能

在古代，政治权力与宗教往往合为一体，难分彼此。政治权力披着宗教的外衣，宗教则借助政治权力的力量，二者整合无间，相得益彰，对于政治权力的巩固和进一步深广化发展，产生了巨大的作用。

殷墟出土的甲骨卜辞

（一）神权的双重功能

统治者集团对意识形态的控制，是政治、经济权力在宗教领域的表现。不过，以宗教形式出现的统治权力，除了具有制裁、审判、惩罚等无限权力外，还具有团结民众、维系社会、组织经济、保护秩序等极为重要的社会功能，用以达到增强政治、文化和族群凝聚力的目的。对于古代宗教神权的这一方面，我们必须予以充分重视。

殷卜辞中有大量卜雨、卜丰年等农事记载，这些记载都从一个重要侧面表现出商王朝宗教神权代表民众利益，与神交接、祈神赐福于人间的行为，它所起的作用或扮演的角色，就是组织经济、团结民众、增强凝聚力。殷墟卜辞中所见商王室对一些方国提供的军事保护，所产生的也是同样作用。以此，才能确保神权统治所必备的社会基础和经济基础的稳固，也才能够最终确保神权统治秩序的稳定和巩固。

在文明初兴的时代，宗教神权确实具有双重功能：一是政治功能，一是社会功能。政治功能的发挥，使神权统治者的权力合法化；社会功能的发挥，则使神权统治者的权力稳定化，两个方面的终极目的是完全一致的。三星堆神权文明，可以说就是把神权的双重功能发挥得淋漓尽致的一个典型例子。

三星堆城墙内曾出土两件双手反缚、无首、双膝跪坐的石雕奴隶像，毫无疑问是神权政体实施严酷的镇压职能的实物体现。由石雕奴隶像双手被反缚杀头的形态分析，三星堆神权政治集团，对内保持并行使着制裁以至极端化镇压的权力。但由于各种原因，这一类极端化制裁现象，在目前的考古资料中很难得到全面反映。不过，从三星堆巨大的城墙建筑、宏大的青铜器群中可以看出，神权对广大民众的制裁力和威慑力是非

成都金沙遗址出土的跪坐石人像

三星堆一号祭祀坑出土的青铜人头像

三星堆一号祭祀坑出土的青铜人头像

常强大的。因为不论城墙的修筑还是青铜制品群的制作，都不可能是广大民众出于自愿完成的，它们必定是在强大制裁力和威慑力之下的被迫的产物。

三星堆一、二号祭祀坑内出土的大批各式青铜人物雕像，有全身像、人头像、人面像等等，它们的服式、冠式、发式各异，显示了不同族类的集合，表现出一个以蜀为核心、拥有众多族类的统治集团结

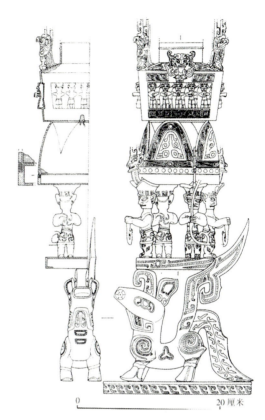

三星堆二号祭祀坑出土的青铜神坛线描图

三星堆一号祭祀坑出土的穿犊鼻裤的青铜人像

构[1]。众多青铜人物雕像围绕青铜大立人，表现了以古蜀神权政治领袖为中心，聚合西南各族首领而举行的大型礼仪活动，充分展现出三星堆神权在跨地域政治社会中的双重功能。一方面，西南各族君长汇聚三星堆古蜀都，共奉蜀人神权领袖，同祭蜀地信奉之神，表明各族承认三星堆古蜀神权的至上地位。青铜人头像代表着西南地区各族的君

---

① 段渝：《商代蜀国青铜雕像文化来源和功能之再探讨》，《四川大学学报》（哲学社会科学版）1991 年第 2 期。

三星堆二号祭祀坑出土的戴冠纵目青铜人像

长，而这些君长在各自的族群中也同样被尊为神。既然蜀人神权领袖控制了这些各族之长，那么他也就控制了各族的神，并进一步实现了其对西南各族意识形态的控制。另一方面，这些各个族群的君长形象，都是用青铜材料制作而成的，它们与蜀王形象的制作材料毫无二致，仅有体量大小的区别，而与用石质材料雕刻出来的奴隶像截然不同，又意味着它们在以三星堆神权为中心的跨地域政治社会中具有相当高的地位，扮演着重要的角色。这表明，在三星堆神权文明的跨地域扩张中，十分巧妙地发挥了神权的双重功能，既达到了扩张势力范围的目的，又达到了稳固势力范围内现存秩序并增强凝聚力、吸引力的目的。

根据文献材料，大石崇拜是蚕丛氏也是岷江上游氐羌部族的文化特征①。在三星堆二号祭祀坑内发现了一块自然梯形石块，与各种青铜雕像共生，意味着古蜀神权对蚕丛氏宗教崇拜物的控制。这一现象与一号祭祀坑出土的一件着犊鼻裤的蚕丛氏后裔雕像，有着文化内涵上的深刻联系，它们从宗教和政治的不同角度，共同反映了蚕丛氏后裔在三星堆神权政体下的被统治地位，表明蚕丛氏遗民已被鱼凫王牢牢控制在手中。有趣

三星堆二号祭祀坑出土的纵目青铜人像

①《华阳国志·蜀志》，《后汉书·冉駹夷传》，《古文苑》章樵注引《先蜀记》。

的是，在三星堆青铜制品群中占有极大体量，从而表明具有重要地位的那件最大的面像，被认为是"纵目人像"，也就是蚕丛氏的形象。如果此论成立，岂不是与蚕丛氏被鱼凫王消灭、"先称王者蚕丛国破，子孙居姚巂等处"[①]等文献记载相矛盾了吗？其实不然。如果我们能够确认那件青铜人面像是纵目人蚕丛的形象，那么就可以有把握地说，正是通过制作并供奉这件蚕丛氏的面像，鱼凫王卓有成效地控制了蚕丛氏遗民对其先王的偶像崇拜，从而相当成功地达到了合法统治蚕丛氏遗民的政治目的。由此看来，那件纵目青铜人面像，是鱼凫王充分利用神权来对蚕丛氏遗民进行有效统治的强有力工具。

事实上，利用控制前朝或他族的崇拜物从意识形态方面控制前朝遗民或他族民众，在古代文明中是一个很普遍的现象。一个政权的统治者，往往会精明地通过占有前朝或他族宗教崇拜物（即

三星堆出土的陶塑鸟头勺

意识形态的物化形式）的方式，宣称自己是前朝或他族的神灵和宗教领袖，以便从文化、宗教感情上取得前朝遗民和他族民众的认同，从而达到实现并巩固自己对前朝遗民和他族民众进行统治的目的。

史籍记载杜宇灭鱼凫王后奔赴成周（今河南洛阳）参加周成王举行的诸侯大盟会，"成周之会……蜀人以文翰。文翰者，若皋鸡"[②]。所谓"文翰""若皋鸡"，孔晁注云："鸟有文彩者。皋鸡似凫。"可知，文翰就是鱼凫王朝神权政体的标记。三星堆文化从第一期开始出现的陶塑鸟头，素面无纹饰，到第二期、第三期时，这种陶塑鸟头的头顶、颈部、眼眶及嘴部饰有云雷纹，就是这种有文彩的凫。杜宇参加成周诸侯大会，献凫与周成王，其意义如同西周春秋时期诸侯告捷、献功、荐俘于周王庭一样，表示告以对鱼凫王政权的彻底推翻和取代。另一方面，

①《史记·三代世表·正义》引《谱记》。
②《逸周书·王会解》。

则意味着杜宇王朝对其前朝遗民所奉神权标志的控制,以此达到控制
其前朝遗民意识形态的目的。

无独有偶,周人灭殷后,在鲁、宋建有数处亳社[1],就是充分利用
殷遗民所崇奉的土地神,达到抚慰、团结殷人从而巩固新的统治秩序
的目的。史籍还记载周灭殷以后,实行大分封,作《分殷之器物》[2],将
周王室的宗室子弟和姻亲分封到原来夏殷王朝统治的千里王畿内外广
大地区。在分封仪式上,周王对受封的诸侯不仅"授土授民",还多赐

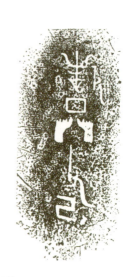

彭州竹瓦街出土的青铜罍

以诸侯所封之地原统治者的用物,其中就包括神物。比如,《左传·定
公四年》记载周成王分封鲁公、康叔和唐叔,"昭之以分物"。分与鲁
公的器物中,有"夏后氏之璜,封父之繁弱"。璜为"天子之器"[3],繁
弱为封父国之良弓[4]。封父国,姜姓,为夏王朝的遗民[5],地在今河南封

①见《左传》襄公三十年、昭公十年、定公六年、哀公四年、哀公七年。
②《史记·周本纪》。
③《礼记·明堂位》。
④《荀子·性恶》。
⑤《唐书·宰相世系表一》。

丘。鲁公伯禽初封之地，实不在曲阜，而在《左传·昭公二十九年》所记载的"鲁县"，地在今河南中部的鲁山县东北。以地域而论，封父国自应在鲁的势力范围以内，因而，分封鲁公时，赐以"夏后氏之璜，封父之繁弱"，其实质是把它们作为控制前朝遗民意识形态的工具，利用前朝所奉神物从文化、宗教感情上取得前朝遗民的认同，达到收揽民心、巩固统治秩序的目的。其实，古史传说中黄帝所铸的九鼎，是象征国家政权和神权的神圣之物，九鼎在夏、商、周三代间的传承，同样也是政权和神权在三代间的传承，据有了九鼎，就等于同时据有了政治权力和意识形态权力。

由此看来，对于考古遗存中与本族或本朝遗物共存的他族或前朝的遗物，不应仅仅单纯地解释为掠夺品、战利品或文化交流品，还应联系相关情况，扩大视野进行解释。比如，至少说来，对于作为他族或前朝神物的器物，还应做深入分析。在古代，"神不歆非类，民不祀非族"[1]，"非其鬼而祭之，谄也"[2]，"非其所祭而祭之，名曰淫祀，淫祀无福"[3]，把他族的神物视为于己不祥之物，多予以毁坏或弃置，这就是史籍所谓"毁其宗庙，迁其重器"[4]，或"焚其彝器"[5]。将这类不祥之物保存下来的违反常规行为，必然有其合理的用意。这个用意应当就是把他族或前朝神物作为控制他族或前朝民众意识形态的工具，一方面通过对神权标志物的控制，使他族或前朝民众畏服，另一方面通过这种控制，显示自己与他族民众或前朝遗民在文化、宗教感情上的相互沟通，以此维系双方关系，达到镇抚他族或前朝民众、维护统治的目的。可以看出，这仍然是政治权力宗教化的双重功能：政治功能与社会功能。《左传》记载的周王室分封同姓诸侯，均赐以殷人彝器和玉器

---

① 《左传·僖公十年》。
② 《论语·为政》。
③ 《礼记·曲礼》。
④ 《孟子·梁惠王下》。
⑤ 《国语·周语下》。

（《逸周书》称这些玉器为"商人旧玉"），作为诸侯封国的镇国之宝，其用意就在于此。全国各地考古发现的周初青铜器中多夹杂有殷器[1]，就是这种功能的体现。这种情况，与后来作为赏赐的战利品有原则区别，不能混为一谈。

这就表明，政治权力的宗教化，不论对内统治还是对外扩张，都是为古代统治者所经常使用而且富于成效的统治手段，它本身并不是目的，其实质是宗教化了的政治权力。

（二）强权的转化

当统治阶级凭借暴力取得政权后，为了稳定统治秩序，一般情况下不再继续使用强权，不再继续推行强权统治。为了使统治权力在公众眼目中成为公正的代表和正义的化身，以避免公众的反抗和对立情绪，通常情况下都将强权加以转化，在统治方式上把强权政治转化为神权政治，使权力充分合法化。这方面例子非常之多。在古代社会，一般说来，统治者更乐意将强权披上一层宗教外衣，通过宗教仪式、宗教感情等文化联系，使强权转化为温情脉脉或神秘莫测的神权统治，这比直接、赤裸裸的强权统治更加容易奏效。例如，秦灭蜀以后，秦之蜀守李冰就充分利用了蜀人传统的尚五宗教观念，"作五石牛以压水精"[2]，不但成功地修建了都江堰水利工程，还成功地制服了蜀人，赢得了蜀人的世世爱戴。秦始皇也是这样，在蜀地南边所修道路，不是按秦制"数以六为纪""而舆六尺"[3]，而是利用蜀人的尚五宗教观念修建"五尺道"[4]，使文化专制转化为宗教认同[5]，其用意是十分明显的。

---

[1] 李学勤：《西周时期的诸侯国青铜器》，《中国社会科学院研究生院学报》1985 年第 6 期。

[2]《华阳国志·蜀志》。

[3]《史记·秦始皇本纪》。

[4]《史记·西南夷列传》。

[5] 段渝：《论秦汉王朝对巴蜀的改造》，《中国史研究》1999 年第 1 期。

都江堰与李冰庙

三星堆文化与西南夷各族的关系，可以对强权的转化提供典型例证。

三星堆文化浓厚的宗教气氛，把蜀王国装点成了一个神秘王国[1]，这是强权宗教化的典型例子。三星堆祭祀坑出土的大批青铜制品、贝币、象牙等，是古蜀的神权政体控制西南地区的战略性资源和贸易路线的反映。

在商代中晚期之前，古蜀地区未见如此宏阔而洋洋大观的文明成果，它们应是商代中晚期古蜀王国向西南夷地区大力开发所取得的重大成果。三星堆青铜器中所含铅料，据铅同位素测试，来源于云南[2]。三星堆青铜器的锡料，也应来源于云南，因为蜀地无锡矿。三星堆青铜器多含有微量磷元

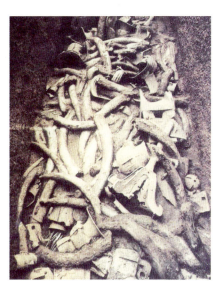

三星堆遗址象牙出土情况

---

① 段渝：《古代中国西南的神秘王国》，《丝语中文时报》（伦敦），1996 年第 6 期。

② 金正耀等：《广汉三星堆遗物坑青铜器的铅同位素比值研究》，《文物》1995 年第 2 期。

三星堆一、二号祭祀坑出土的海贝

素，这是古蜀文化青铜器的传统合金特征，与中原全然不同，却与云南青铜器极为相似，表明三星堆青铜器所用铜矿原料，也与铜矿石藏量极为丰富的云南有关。三星堆发现的成千枚海贝，其中的白色齿贝与云南历年所出的相同。云南齿贝来源于印度洋，三星堆白色齿贝也不能不来源于印度洋，因为这种齿贝为印度洋所独产，并非南海产品。三星堆出土的象牙，鉴定为亚洲象的牙。亚洲象原产印度，在印、缅和中国云南最多。古蜀地区上古可能有大象，却无大批成群大象活动的记载，而三星堆仅两个祭祀坑就出土了整象牙六七十支，在1997年发现的祭祀坑中又有发现。如此多的象牙，不可能取之于成都平原本土，应与缅、印地区有关①。以这些资料结合古代印度地区包括印度洋沿岸地区以白色齿贝为货币，而云南直到清代还大量使用这种贝币的情况分析，三星堆神权政体必定是控制了我国西南地区的内外贸易路线，控制了南中的矿产资源，从而才可能为它辉煌青铜文明的出现奠定下丰厚的物

三星堆二号祭祀坑出土的兽首冠青铜人像

① 2001年2月，成都市苏坡乡金沙遗址又发现巨量象牙，总重量接近1吨。遗址年代为商周之际，更加证实成都平原的象牙必来源于缅、印地区。关于成都平原巨量象牙的来源问题，可参考段渝：《中国西南早期对外交通》，《历史研究》2009年第1期。

湖南醴陵出土的商代青铜象尊

质基础①。迄今为止还没有在西南地区发现直接为古蜀人所征服的考古遗迹，不过古代文献曾记载有蜀人两度大批南迁的史例，一为蜀王后代②，一为蜀王子安阳王③，并且考古学上包括三星堆文化在内的先秦古蜀青铜文化对云南青铜文化的影响也是显著的④，可以表明古代蜀国对西南夷地区的控制。方国瑜先生在谈到古代蜀国与西南夷的关系时也说，西南夷是古蜀国的附庸⑤。可以看出，古蜀对西南夷的控制有两条途径，一是通过观念和技术的直接传播来影响西南夷各部族，二是通过直接或间接的强权来统治西南夷各部族，至少也是以强权作为强大后盾和暴力制裁的威慑力量的。

---

① 段渝：《支那名称起源之再研究——论支那名称本源于蜀之成都》，《中国西南的古代交通与文化》，四川大学出版社 1994 年版，第 126—162 页。

②《史记·三代世表》。

③《水经·叶榆水注》引《交州外城记》。

④ 段渝：《论商代长江上游川西平原青铜文化与华北和世界古文明的关系》，《东南文化》1993 年第 2 期。

⑤ 方国瑜：《中国西南历史地理考释》上册，中华书局 1987 年版，第 16 页。

为了达到长久控制西南夷地区战略资源的目的,蜀王采取了使强权统治转化为宗教统治的策略,以宗教掩饰政治,以文化代替暴力,使控制合法化。三星堆古蜀王国以作为古蜀群巫之长的青铜大立人为中心,以作为西南各族群巫的各式青铜人头像为外围所形成的有中心、分层次的人物像群,就体现了它对于西南夷所实施的"柔远能迩"政策的战略意图。而这

三星堆一号祭祀坑出土青铜人头像

一人物像群实际上表现出了一个庞大宗教集团的组织结构,通过把西南各族群巫的青铜人头像即各族君长的头像按一定程序加以排列组合的方式,将各地各部族的宗教组织到古蜀的宗教体系当中,并使它们成为次级宗教。通过这种方式,一方面可以宣称自己是西南夷各部族宗教神权的总代表,另一方面又博得了西南夷各部族的文化认同和宗教认同,并在这个基础上使自己对西南夷的控制合法化。三星堆一号祭祀坑与二号祭祀坑在年代上相差百年以上,

三星堆二号祭祀坑出土的青铜面具（左）；江西新干大洋洲遗址出土的青铜面具（右）

但两坑所出青铜人头像在衣、冠、发式上基本一脉相承，说明古蜀对西南夷的控制是长久的，同时说明这个宗教集团的组织结构是稳定的，并且在一个时期内还有新的发展和扩充。

既然三星堆青铜雕像群表现了一个宗教化了的政治集团的大型礼仪活动，那么其内容丰富的各种礼仪形式就必然是为各地各部族所共同认可、共同接受的。三星堆古蜀都城既是这样一个跨地域、跨部族的大型礼仪中心，那么它的强大凝聚力就绝不可能仅仅依靠强权来维持（当然，必须指出，强权是基础、是前提），它对各地各部族必须还具有强烈的吸引力。这种吸引力来自三个方面：一是宗教中心，二是提供军事保护，三是通过古蜀的转介，同中原地区进行文化交流和贸易往还。殷墟五号墓出土青铜器的部分矿料来自云南，看来就是通过蜀为中介从云南获取的，这也是蜀人控制了南中与中原之间贸易路线的证据。

三星堆二号祭祀坑发掘出土的象牙

由此看来，蜀与西南夷各族的关系，是各族之长而不是各族之君的关系，是群巫之长而不是群巫之君的关系，正如商王室是天下方国之长而非天下方国之君一样。

四、古蜀的象牙祭祀

三星堆出土象牙珠

1986年广汉三星堆祭祀坑出土六七十支象牙、120颗象牙珠等，其后在仁胜村墓地又出土象牙。2001年以来，在成都市金沙遗址出土100余支象牙，同出有不少象臼齿，还出土大量由整支象牙切割成的短节象牙柱，以及象牙段、象牙片、象牙珠等。在金沙遗址十号祭祀遗迹内的一件玉璋上，还刻有四组对称的肩扛象牙的跪坐人像。这些现象说明，商周时期，在古蜀文明神权政治中心的大型祭祀礼仪中，象牙祭祀盛极一时。

（一）祭祀形式

古蜀象牙祭祀有不同的形式，其中最盛大的是将若干整支象牙有序地铺陈在用于专门瘗埋祭祀典礼用品土坑内各种器物的最上层，其下为金、铜、玉器等物，三星堆一号、二号祭祀坑和金沙十一号、十号遗迹均如此。这种现象意味着，古蜀的象牙祭祀，不论在形式还是内涵上，都有着固定、程序化的规则和定制。进一步分析，透过这种固定、程序化的规则和定制，可以看出三星堆政体和金沙政体具有共同的祭祀对象与内容，表明二者之间具有文化上和政治上的连续性关系，而这种连续性所包含的垂直关系和平面关系两个层面，将会对于我们深入分析三星堆与金沙的各种关系提供新的视角和理解。

三星堆二号祭祀坑出土的青铜神坛

（二）神坛上的形象

三星堆青铜神坛的第二层和第四层分别塑造有一组铜立人雕像。

其中第四层（盝顶建筑层）的每个人物都作跪坐、双臂平抬前伸、双手呈环状，作抱握状，看不出手中握有什么器物。第二层（山形座）的每个铜人的手势完全相同，都是双臂平抬于胸前，双手前伸呈抱握状，手中各握一藤状枝条（此物已经残损，无完整形状）。另一座青铜神殿

三星堆二号祭祀坑出土的青铜神坛（第四层）

三星堆二号祭祀坑出土的青
铜神坛（第二层）

三星堆出土的青铜神坛人物　　三星堆二号祭祀坑出土的小型持璋铜人像

的圆座上有一立人像，双手作横握拳、收臂状。三星堆二号祭祀坑的一件跪坐持璋小铜人像，两臂平抬，双手执握一牙璋。二号祭祀坑另出有一件小型青铜立人像，两臂向前平伸，双手相握，手中有一竖形孔隙，推测所执之物应为牙璋一类器物。

三星堆二号祭祀坑出土的一件戴兽冠青铜人像，所戴的兽冠应为象首冠，冠顶两侧有两只斜立的大耳，冠顶正中是一只直立而前卷的象鼻。

戴象首冠人物的双手曲臂前伸至胸，作握物状，颇类似青铜大立人像双手前握的形状，但角度与大立人不同。从戴象首冠人物像双手前握的角度看，不具备双手同握一物的条件，很像是双手各执一物的形态，但所握之物究竟是何器物，目前还无法加以推测。如果联系到金沙遗址出土的短节象牙柱来看，也许这件戴象首冠人物双手所握之物应各是一个短节象牙柱。

三星堆二号祭祀坑出土的兽首冠青铜人像

金沙遗址出土的一件青铜小立人雕像，双手也作前伸握物状，其形态也与三星堆青铜大立人像近似。从这件立人像双手的角度观察，双手所握之物不在一个同心圆上。这就是说，它双手所握的物体，一定是一件呈弧形的器物，因此不会是璋一类竖直的器物。由此看来，它双手所握之物，很有可能是象牙。不过这件青铜立人像仅高14.6厘米，连冠和座通高也仅有19.6厘米，所以它的双手所握之物不会是一支真正的象牙，很可能是象牙的小型仿制品。

金沙遗址十号祭祀遗迹玉璋所刻肩扛象牙跪坐人像[1]，应是一幅写实之作，有可能刻画的是蜀王举行祭祀仪式时的跪祭形象，但也有可能不是蜀王跪祭，而是蜀人肩扛象牙前行即搬运象牙的形象刻画。这一类例子在古代近东文明的雕像中常常可以见到。

通观三星堆和金沙所出人物雕像和刻划图像可以看出，三星堆青铜大立人双手前伸的形状和角度确实与众不同，他的双手所执之物既不可能是器身竖直的琮，也不可能是器身扁平的璋，更不可能是细长弯曲的枝条。从大立人的手形、两手间的距离和交错弧度等因素来考

金沙遗址出土的青铜立人像

虑，再比较一下象牙的长度、弧度和直径，可以认为大立人双手所执之物很可能是一整支象牙。而其余双手前伸的铜人像，不是手握牙璋，就是执握他物，或者空无一物。金沙小铜人像虽有可能手握象牙，但那只

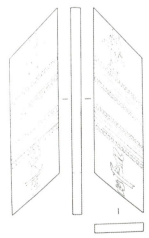

金沙遗址出土的肩扛象牙人物图案玉璋线描图　　金沙遗址出土的肩扛象牙人物图案玉璋

[1] 成都文物考古研究所：《金沙——21世纪中国考古新发现》，五洲传播出版社2005年版，第74页。

是象征而已，并非真正的象牙。如果此说成立，那么我们当可证明，只有三星堆青铜大立人才能手执整支象牙。因为它既是蜀王，同时又是西南夷各地方性族群之长的形象塑造。

（三）象牙祭祀的意蕴

再来看三星堆青铜大立人雕像，它的双脚立于一方形青铜座上，而方形座的中部（座腿）是由四个卷鼻的象头组成的[①]。这个象头座，应与立人手握之物有着密切关联。以此并结合其他相关材料分析，当可以再次证明三星堆青铜大立人双手所执之物应该是象牙，而不是玉琮。并且可以进一步说明，只有蜀王才有权力执整支象牙进行祭祀。我们曾经指出，三星堆出土的金杖，是古蜀王国最高神权政治领袖的象征，这个最高权力，是对古蜀族群及其王国而言。而蜀王手执象牙进行祭祀，则是古蜀王国政治与文化势力范围内各个地方性族群之长共奉蜀王为共同首领的象征。

三星堆出土青铜大立人像下部的方形青铜座

至于为什么古蜀文明在祭祀仪式上如此重视象牙，这个问题可以从我国西南的生态条件中找到答案。古代中国西南地区至东南亚大陆和南亚次大陆地区，气候条件和生态条件适合大象的生存，是富产大象的地区，至今犹然。在印度河文明的摩亨佐·达罗遗址，曾出土过很多象牙制品，说明从最早文明的开始，人们就已把象牙作为珍品。三星堆和金沙的情况同样如此，都是把象牙作为珍品来看待的。大象以其体量和性情等特点，成为

[①] 四川省文物考古研究所：《三星堆祭祀坑》，文物出版社1999年版，第162—164页。按，原报告认为大立人座腿为四个龙头，但仔细观察，实应为四个象头。

金沙遗址出土的青铜立人像（左）；三星堆遗址出土的青铜立人像（右）

这个区域内各个族群共同的崇拜和敬畏之物，而以象牙尤为珍贵。由于西南夷多以象牙为珍品，所以象牙在西南夷地区被各族奉为共同崇拜之物，并以此在文化上取得认同。在这种文化背景中，同时在蜀王作为西南夷地区各部族之长的政治背景中，蜀王手执整支象牙，就意味着他取得了西南夷在文化和政治上的认同，手握了号令西南夷各部族的权力[1]。因此象牙被赋予了西南夷各部族之长的政治与文化内涵，成为号令西南夷各部族权力的象征物。三星堆祭祀坑出土的众多发式各不相同的青铜人头雕像，是西南夷各部族君长的象征，它们与青铜大立

---

[1] 《战国策·秦策一》记载司马错曰："夫蜀，西僻之国也，而戎狄之长也。"这种情形，实自商代以来便是如此。参见段渝：《商代蜀国青铜雕像文化来源和功能之再探讨》，《四川大学学报》1991年第2期。

人的关系，正是蜀王与其文化和政治扩张所及地区的西南夷各地君长之间的主从关系。这种情形，与西周天子执牦牛尾以君临天下的现象及其文化和政治内涵有些类似，也与春秋五霸执牛耳以主中原诸夏会盟的现象①有着表现形式上的异曲同工之妙，同时与美索不达米亚和埃及等古文明中国王手执权杖的情形相似。可见，王者手握权力的象征物，是世界早期文明史上各地文明古国的普遍现象，只是各文明古国王权象征物的具体形式有所不同罢了。

（四）象牙祭祀的衰落

从迄今为止的三星堆遗址和金沙遗址的考古发掘资料来看，古蜀的象牙祭祀仅在商代晚期到商周之际的三星堆和金沙盛极一时，在三星堆一号、二号祭祀坑之前即殷墟时期以前，以及金沙遗址商周之际和西周中期文化层之后的时期，还没有发现古蜀盛行象牙祭祀的考古学迹象。透过这些现象可以揭示出这样的结构关系：在族群结构上，金沙遗址商周之际文化层的主体族群，是与三星堆文化相同的一个族群或亚族群；在政治结构上，金沙遗址商周之际文化层的政治单位，是三星堆高级政体即以鱼凫王为最高神权政治领袖的古蜀王国内的一个次级政体。

春秋中叶以后，金沙遗址大大衰落，直到战国时期开明王朝定都成都，成都才再度繁荣，出现成都市商业街大型船棺葬墓地。从年代关系上看，商业街大型船棺葬墓地应与开明王有关，当为开明氏王族的墓地，而与春秋以前的历代古蜀王无关，并且其文化内涵也与金沙遗址不同，这就意味着金沙遗址是战国时期开明王以前的古蜀王国的遗存。但金沙遗址的延续时间很长，其主体为商周之际到春秋中叶，文化面貌大致上是有所传承而又有所演变的。与文献所记载的古蜀史迹相对照，商代晚期至商周之际的古蜀王是鱼凫王，西周时期至春秋早期的古蜀王是杜宇，这一古蜀王朝的序列与金沙遗址的考古文化内涵大致上是相互吻合的。

---

① 参见《左传》的有关记载。

金沙遗址象牙堆积坑发掘现场

　　从这个意义上看，金沙遗址商周之际文化层其实并不是三星堆文化衰亡后迁徙而来所留下的文化遗存，而是三星堆文化金沙遗址的文化延续。换句话说，在作为商代古蜀王国首位城市的三星堆古蜀王都衰亡后，作为古蜀王国次级中心城市的金沙政体并没有同时消亡[①]，它仍然在连续发展中延续着三星堆文化的余脉，但为时不长，就被杜宇彻底灭亡。所以西周时期金沙遗址的面貌与商周之际相比已发生了变化，而商周之际鱼凫王朝所盛行的象牙祭祀虽在西周早期有所延续，但西周中叶以后最终废止，消失不存，其原因当在于此。

　　应当指出，我们在西周时期的金沙遗址中能够发现商周之际古蜀文明的某些遗存，这是并不奇怪的。其原因可以从两个方面进行分析：一方面，任何王朝的代兴都不可能完全切断前朝文化的延续，何况杜宇王朝的建立是以他和蜀地的江原女相结合所达成的政治联姻为基础

————

① 我在 1992 年 4 月举行的"纪念三星堆考古发现 60 周年暨巴蜀文化与历史国际学术讨论会"上提交的论文中就曾提出：成都在商代晚期就已形成为一座具有相当规模的早期城市，作为一座次级中心城市，它与较之更早形成的三星堆古蜀王都一道，构成商代蜀国的早期城市体系。金沙遗址的发现，可以说为拙文所提出的观点提供了坚实的新材料和新证据。参见段渝：《巴蜀古代城市的起源、结构和网络体系》，《历史研究》1993 年第 1 期。

成都商业街船棺葬挖掘现场

的，因而在杜宇王朝的文化中必然保留着大量的鱼凫王朝时期的文化；另一方面，杜宇立为蜀王后，大量招徕随鱼凫王退保岷山的部众，使"化民往往复出"，回归其家园安居乐业，因而杜宇王朝初期的成都，必然聚集着大量的三星堆文化因素。从历史的观点分析金沙遗址西周早期的文化遗存，对于其中包含或聚集了不少三星堆文化因素乃至其精华因素的现象，就不会感到奇怪了。

（五）象牙祭祀的内涵

金沙遗址十号祭祀遗迹玉璋所刻肩扛象牙跪坐人像，应是一幅写实之作，有可能刻画的是蜀王举行祭祀仪式时的跪祭形象，但也有可能不是蜀王跪祭，而是蜀人肩扛象牙前行即搬运象牙的形象刻画。这一类例子在古代近东文明的雕像中常常可以见到。

将金沙遗址十号祭祀遗迹玉璋上所刻四组对称的肩扛象牙跪坐人像图案，联系三星堆二号祭祀坑出土的牙璋上所刻祭山图图案，以及三星堆祭祀坑内出土的大型青铜雕像群、金杖图案、神坛以及神殿立雕等分析，商周时期的古蜀文明在艺术形式尤其绘画和雕刻艺术上，盛行具有连续、成组的人物和故事情节的图案，并以这些连续、成组的图案来表达其丰富而连续的精神世界，包括哲学思想、政治观念、意识

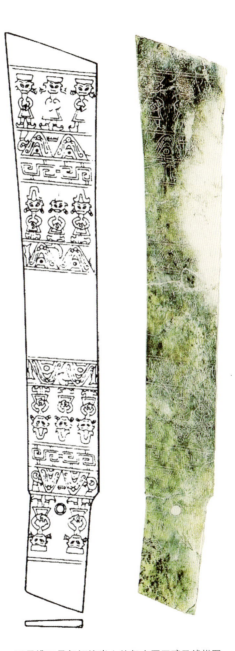

三星堆二号祭祀坑出土的祭山图玉璋线描图（局部）　　　三星堆二号祭祀坑出土的祭山图玉璋及线描图

形态以及价值观和世界观等等。如果把这些图案分类进行整理，并加以综合研究，以分析古蜀文明的艺术形式及其文化内涵，将是很有意义的。由此我们还可以进一步看出，它们与同一时期中原玉器和青铜器图案的艺术表现形式和内涵有很大不同，而与近东文明艺术形式的某些方面有着表现手法上的相似性。这种情形，当可以再次证实古蜀文明与近东文明之间所存在的某种关系。商周时期古蜀文明这种富于形象思维的文化特征，在它后来的发展史上凝为传统，成为蜀人思维模式的一个重要方面。而商周时期古蜀文明有关文化和政治内涵的艺术表现形式及其手法，则在后来的滇文化中得到了比较充分的继承、发扬和创新。

第三章

三星堆：神权政体的运作系统

以广汉三星堆遗址为中心的古蜀王国，是一个实行神权政治的独立王国。对这个独立王国神权政体的运作系统进行分析，将有助于增进我们对于上古国家的社会结构和权力结构的深入了解。

成都平原发现的早期古城址——宝墩遗址（北侧城墙）

一、分层社会的复杂结构

　　王权形成并诞生于分层社会之中。在酋邦制时代，社会分层还是一种比较简单的等级制结构，不论在深度还是广度方面都还没有达到国家形态的复杂社会分层水平。正是在复杂的分层社会中诞生的王权，才

温江鱼凫村古城遗址

具备了对于政治、经济、意识形态的全部垄断权力,获取了凌驾于整个社会之上的至高无上的统治权力。

所谓社会结构,原指社会处于相互联系的各部分的持久排列形式。通常认为,这实际上是指社会各个基本组成部分之间比较稳定的关系,基本要素包括社会组织、权力、制度、财富、阶级等,还有若干其他表现形式。

根据考古资料的揭示,我们可以看出,在三星堆文化的时代,古蜀王国已是一个在中央集权统治之下的高度复杂的分层社会。在这个复杂的分层社会中,存在着统治阶级和被统治阶级,其间的阶级界限壁垒森严,内部又有各种不同的阶层和职业集团。

统治阶级由国王、王室、姻亲、贵族、各级大臣、武士等组成,也包括各地大大小小的酋豪。他们都是世袭贵族,世代权力在握,享尽荣华富贵。

《古文苑》载扬雄《蜀都赋》"密促之君"下章樵注引《蜀纪》说:

上古时,蜀之君长治国久长。

采集于三星堆遗址的玉琮（左）；三星堆一号祭祀坑出土的玉琮（中）；三星堆四号祭祀坑出土的玉琮（右）

《蜀王本纪》也说：

> 蜀王之先名蚕丛，后代名曰柏濩，后者名曰鱼凫。此三代各数百
> 岁，皆神化不死。

"治国久长"也好，"各数百岁"也好，其实都说的是统治阶级的世官、世职制度，即世袭制度。三星堆一号祭祀坑和二号祭祀坑出土的青铜人像、人头像，其间时代相距百年，而各种形式在基本的衣、冠、发式上颇为一致，具有明显的继承性。

统治阶级的上层和核心是一个权势倾人的神权政治集团，这可以从三星堆一、二号祭祀坑内出土的大量青铜制品、黄金制品、象牙、海贝、玉石器得到确切证明。成都平原本土缺乏制作青铜器的铜、锡、铅等原料，这些原料只能通过其他一些途径如贡纳、贸易以至掠夺，从其他地区进口，其交换代价无疑是十分巨大的。即令是掠夺，也必须供养一支军队，付出包括食物、武器装备、指挥系统等在内的物质、人力和组织等方面的沉重代价。能够付出各种各样高昂的代价来占有并享用这些贵重物品的，只能是核心统治者集团。这也可以同时说明，这个核心的神权统治者集团，垄断了青铜原料和其他珍稀贵重物品以及奢侈品的贸易权力和占有、使用权力。

三星堆遗址巨大的城墙，也是神权统治阶级高高在上的重要证

三星堆五号坑黄金饰片发掘现场

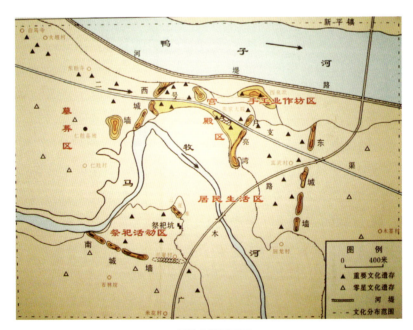

三星堆古城平面图

据。据试掘，城墙横断面为梯形，墙基宽40余米，顶部宽20余米。调查和勘测结果表明，三星堆遗址古城东西长1600—2100米，南北宽1400米，现有总面积3.6平方公里，超过了大体同时的商王朝统治中心的郑州商城。城墙体的高大坚厚，意味着可供支配征发的劳动力资源相当充足，进而可知统治者必已统治着众多的人口，控制着丰富的自然资源。城圈的广阔，表明城圈内的社会生活、政治结构早已超出酋邦制水平。结合对众多劳动者的统治和对丰富自然资源与社会财富的控制

三星堆二号祭祀坑出土的青铜戈

来看，已有一个集权的政府组织，应是无可怀疑的。这个集权的政府组织的核心，便是神权统治者集团，他们握有一切政治、经济、宗教、军事大权。

在核心统治者集团的外围，是由各级臣僚、大小权贵和众多奴隶主所组成的统治阶级中下层，他们权力或大或小，各受其上层或王室的直接指挥和制约。整个统治阶级呈现为一种层层从属的品级结构。

三星堆古蜀王国的统治阶级，豢养

三星堆遗址出土的青铜武士像

三星堆一号祭祀坑出土的
戴盔青铜人头像

了一支常设的武装力量。在三星堆遗址两个祭祀坑内出土的玉石兵器和齿形上下援青铜戈（它们本身是无刃的礼仪用戈，但都是从有刃的实战用戈转化而来），以及全身披挂戎装的青铜站立武士雕像，可以充分证明一支常设武装力量的存在。在作为古蜀王国腹心地区的新繁水观音和彭州竹瓦街发现的属于殷末的青铜兵器，以及在作为古蜀王国北方边疆重镇的陕南汉中发现的80多件商代中晚期的三角形援蜀式青铜戈，更加证明了蜀王国职业军队存在的事实。

被统治阶级包括各种生活资料、生产资料和精神资料的生产者。大体说来，有农业生产者、陶工、木工、漆工、雕刻工、纺织工、酿造工、矿工、石工、玉工、运输工、冶炼工、建筑工、艺人以及其他各方面的劳动生产者，其中的最大多数是农奴和奴隶，在文明初期的被统治者中占有较大比例。此外还有专门的商人阶层，在神权统治集团支配下，从事各种贸易活动。

金沙遗址出土的跪坐石人像

　　统治阶级与被统治阶级之间有着壁垒森严的界限。三星堆遗址内多出生产工具的区域，与基本不出生产工具却出有大批玉石礼器、雕花漆木器等奢侈品的区域，形成强烈对比。而三星堆遗址出土的两尊双手反缚、无首、跪坐的石雕奴隶像，以及成都金沙遗址出土的双手反缚跪坐石雕像①，又说明统治阶级不但可以剥夺并无偿占有被统治阶级的剩余劳动，而且还握有对被统治阶级的生杀予夺之权。这些，活生生地刻画出了古蜀王国这个神权政体的奴隶制性质，说明它是一个奴隶制王国。

二、基本资源的占有模式

　　根据马克思主义创始人的观点，当社会由于自己的全部经济生活条件而必然分裂为两大阶级时，为了压制阶级之间公开的冲突而出现了第三种力量，这第三种力量便是国家②。恩格斯在《家庭、私有制和国家的起源》中阐释说：

　　　　由于国家是从控制阶级对立的需要中产生的，同时又是在这些阶级的冲突中产生的，所以，它照例是最强大的、在经济上占统治地位的阶级的国家。这个阶级借助于国家而在政治上也成为占统治地位的阶级，因而获得了镇压和剥削被压迫阶级的新手段。因此，古代的国家首先是奴隶主用来镇压奴隶的国家。③

这就是说，统治阶级对于被统治阶级所实施的统治手段，是通过在经济上所占有的统治地位以及由此所形成的政治组织（国家）获得的。而

---

① 成都文物考古研究所：《金沙——21 世纪中国考古新发现》，五洲传播出版社 2005 年版，第 104—108 页。
② 恩格斯：《家庭、私有制和国家的起源》，《马克思恩格斯选集》第 4 卷，人民出版社 1972 年版，第 165 页。
③《马克思恩格斯选集》第 4 卷，人民出版社 1972 年版，第 168 页。

在经济上所取得的统治地位,则是通过控制和占有基本资源获得的。

社会各人群对于基本资源的不同关系,形成经济分层,这是一切社会分层和权力分层的基础。美国人类学家弗里德(Morton H. Fried)在其名著《政治社会的演进》中指出,只要有获取基本资源的不平等情况,就有分层存在,伴随着分层的是社会分化为根本不同的经济集团,那些获取基本资源较多或不受限制的人构成一个阶级,那些受限制或很少能够获取同样资源的人构成另一个阶级。按照弗里德的解释,基本资源不单是指人们生存和再生产所必需的食物、工具等消费品,还包括这些消费品的来源①。对此,美国人类学家乔纳森·哈斯(Jonanah Haas)在《史前国家的演进》(1982)中进一步阐释说,基本资源还应包括获取和制造维持人所生存和再生产的必需品的手段,这些手段包括:食品、用于获得或生产食品的工具、置备食品的工具、对付自然环境的防卫性手段,以及对付入侵社会环境的防卫性手段等等②。这些,提供了对于经济分层的认识基础。

要从目前所掌握的文献材料和考古材料全面认识三星堆文化的基本资源占有情况,还存在着相当的困难,因为关于这方面的资料确实是太有限了。不过,我们可以最大限度地运用这些有限的资料,对古蜀王国的资源占有模式进行一些初步分析。

(一)对基本生活资源和生产者的占有和控制

基本生活资源主要是指维持生存所必需的食物。古蜀王国的各级统治者、大大小小的奴隶主,数量不少,从方圆3.6平方公里的巨大的三星堆古城看,必然聚集着大量贵族和显宦。他们所以能够生存,并且能够花天酒地,生活得很奢侈,最基本的前提,就是占有和控制了全部土地资源、食物资源以及食物生产者。古蜀王国的贵族统治者嗜酒如命,三星堆遗址出土了大量青铜和陶质酒器,全为这些显贵们所专有。大量的酒

---

① Morton H. Fried, *The Evolution of Political Society*, New York, 1969, p. 187.
② Jonanah Haas, *The Evolution of the Prehistoric State*, New York, 1982.

三星堆遗址出土的陶瓮 　　　　　　　　三星堆遗址出土的陶壶

必然是以巨量的粮食为原料的，表明统治者控制了食物生产，而它又是
以对于土地的占有为前提的。这种现象，同样是贵族统治者阶级占有农
业劳动者阶级剩余劳动的证据，也是他们控制了基本生活资源的证据。

（二）对手工业生产者及其产品的占有和控制

　　规模庞大的三星堆古城，巨量青铜原料的开采、加工、运输、冶
炼、翻模和铸造，众多的玉石器的生产，大片宫殿、住宅的建筑以及成
都羊子山大型礼仪性土台、成都十二桥大型木结构建筑，大量、各式

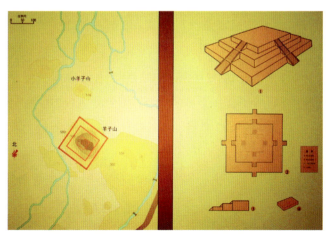

成都羊子山土台地理位置和结构图

成都十二桥遗址"干栏式木构建筑"复原想象图

各样的精美的铜、陶工艺美术品，如此等等，无一不出自手工业劳动者之手；而所有这些物质成果，统统被贵族们一一攫取、占有，充分表明这些手工业生产部门全部成为显贵们直接控制的生产领域，所有生产者及其产品，成为他们贪得无厌的巨大物质享受和奢侈生活的重要源泉。

（三）对生产资源（包括基本资源和战略性物资）的占有和控制

在古代文明之初，铜、锡、玉、金矿等自然资源，往往是一个文明古国最为重要、并且具有战略意义的资源，也是一国之中最为重要的物质财富。

三星堆遗址出土巨量的青铜器，总重量达到1吨以上，而且青铜器成品与青铜原料的熔炼比例至少有1∶5，甚至可达1∶20，足见制造这批青铜器所需要的铜、锡原料之多，表明神权与王权控制并占有着这种最重要的物质资源。

1986年，三星堆遗址出土金器达100件以上，不仅数量之多，而且形体之大，均为商代中国所仅见。黄金，自古以其富丽的体态、辉煌的光泽和优越的自然属性，为人们视为珍宝中的珍宝。人们总是将黄金世代相传，不轻易弃置，所以亘古以来，考古发掘中发现的金器并不多

三星堆遗址出土的玉器

三星堆遗址出土的贴金青铜面具

三星堆遗址出土的贴金青铜面具

见。可是仅仅在古蜀王国故都废墟的一角，便埋藏着如此丰富的纯金器物，不能不使人感到古蜀王国的神权政治领袖们严密控制着黄金的开采、加工和金器的生产，并把所有黄金据为己有。

三星堆遗址出土的玉石器，绝大多数发现于显贵们的居住区和祭祀坑当中，同样表明了玉石器资源为统治阶级控制和占有的事实。

（四）对宗教礼仪用器以及宗教性建筑的占有和控制

三星堆遗址出土的全部青铜器群、玉石器群、黄金器物群以及某些陶器群，在性质上均属礼仪之器，均在礼仪和仪式中使用。这些礼器和祭祀用器，无一不为上层宗教神权集团所占有，一方面表明宗教神权集团拥有属于自己的生产者队伍，占有世俗生产者及其剩余劳动；另一方面，也表明宗教神权是古蜀王权最为重要的组成部分，是王权的核心。

三星堆古城高大坚厚的城墙，也是神权无限强大的证据。兀立于成都平原一望无垠的田野川泽上的高大城墙，配合以光怪陆离、发出阴森惨烈光泽的青铜器群和黄金器群，能够产生巨大的恐怖和威慑效应，以其无法抗拒的物质形式震慑治民的心灵，达到巩固神权统治的目的。这就说明，三星堆城墙，其实就是象征神权统治的一座宗教性建筑。

三星堆遗址出土的贴金青铜面具

（五）对生产工具以及劳动分工的占有和控制

对生产工具和劳动分工的占有和控制，可以从古蜀墓葬中埋葬的大批成套工具得到说明。有关古蜀窖藏和墓葬中埋葬生产工具的最早

三星堆三号祭祀坑中新发现的青铜器（局部）　　三星堆三号祭祀坑青铜人像出土情况（局部）

材料，出于新繁水观音墓葬①。从新繁水观音墓葬开始，蜀墓中随葬大量成套的金属生产工具成为传统，而且工具往往与青铜兵器、礼器等形成组合关系。从整个蜀墓的发展序列来看，墓主地位越高，墓葬规模越大，随葬金属工具的品种就越多，数量就越大，新都大墓可以说是一个典型代表②。这种情形表明，随葬金属工具的多少，是与墓主的身份和地位大有关系的。对于金属工具的占有数量，成为区分尊卑贵贱的一个标志，从一个方面显示出社会分层的情况。

在古代，青铜属于战略性物资，青铜器的生产是由国家直接控制的，青铜武器、工具均属此类，被统治阶级最多只能在官方监督下使用，不能占有，更不能以之随葬。在经济生产部门，国家对青铜工具的管理十分严格，一般是集中管理、用后收回，使用磨损后必须回炉，所以考古发掘中往往难以发现青铜生产工具。殷墟曾出土石镰窖藏，有石镰3500把，均有使用痕迹，同出的还有若干奢侈品，表明是由统治者占有，集中分发、使用、管理的，生产工具是与生产者相分离的。

①《四川新繁水观音遗址试掘简报》，《考古》1959 年第 8 期。
②《新都战国木椁墓》，《文物》1981 年第 6 期。

金沙遗址出土的锛形玉器

金沙遗址出土的斧形石器

石质生产工具尚且如此，就更不用说青铜生产工具了。

蜀墓和窖藏出土的金属生产工具，大多数是刀、凿、斧、斤、削、锯、锛等，与手工业关系密切，而与农业耕作关系不大。这种情形意味着：一方面，古蜀的青铜手工业工具是属于官方所有的，手工业生产和劳动分工完全被统治者所控制；另一方面，蜀地在农业生产中不存在大规模使用奴隶劳动的情况，因而无须将农具集中管理使用。

以上分析表明，在古蜀王国，基本资源是由国家和统治阶级所占有的。其中，自然资源、战略性物资资源和宗教礼仪所用资源，由核心统治者集团代表神权国家所垄断占有；生活资源如粮食、酒类、肉类等和一些生产性资源（如生产工具）则由各级统治者所分别占有，国家则以贡赋的形式同各级统治者分享这些资源。

三、再分配系统的运作机制

对于古蜀王国再分配系统的运作机制，可以从四个方面进行探讨。

（一）农产品的再分配模式

一切农产品的流动模式，总是从次级聚落流向中心城邑，供各个脱离食物生产的阶级和阶层消费，而次级聚落的食物资源，都从广大农村直接流动而来。

三星堆古城和成都金沙遗址黄忠小区遗址、十二桥遗址，都分布着不少平民的居址、作坊和工场，表明存在大量的非食物生产者。他们当中，有建筑者、运输者、各门各类的手工业生产者、艺术者等等，也有若干贵族阶级私有的家内奴隶。这一大批非食物生产者的基本生活资料，均由周围甚至远地的农村生产，直接或间接地流向这些中心城邑。这部分农业产品，连同被中心城邑内麇集着的大批贵族显宦们所消费、挥霍的大量粮

成都十二桥商代木结构建筑遗迹

食、肉类、酒类、蔬菜、瓜果及其他各种食品，均由各个次级和低级聚落无偿提供。

金沙遗址黄忠小区 6 号房址

（二）畜牧和渔猎产品的再分配模式

在三星堆遗址，出土大量各种兽类的遗骨遗骸，如鹿骨和大型动物遗骸等。这些野兽，是由狩猎部落或兼事狩猎、畜牧的部落为中心城邑的统治者贵族们提供的，也是一种由次级或低级向高级中心流动的模式。

成都金沙遗址和十二桥遗址，除出土各种兽类遗骨外，还出土不少龟甲，是作为占卜用的。据动物学家研究，这种龟甲是陆龟的腹甲，而

金沙遗址出土的卜用龟甲

陆龟并不出产在成都平原。可见，十二桥出土的卜用龟甲是从外地引进的。据《山海经·中山经》记载：

> 又东北三百里曰岷山，江水出焉，东北流注于海，其中多良龟。

《华阳国志·巴志》记裁：

> （四川盆地东部）土植五谷，牲具六畜……灵龟……皆贡纳之。

左思《蜀都赋》刘逵注引谯周《异物志》也说：

> 涪陵多大龟，其甲可以卜，其缘中叉，似瑇瑁，俗名"灵叉"。

岷山为江水所出，其上源为氐羌之地，非蜀国王权所能及①。而四川盆

---

① 古蜀王国的势力范围在岷山山区只达到岷江下游区域，即今四川阿坝州茂县北境，未及上源。

金沙遗址动物骨骼发掘现场

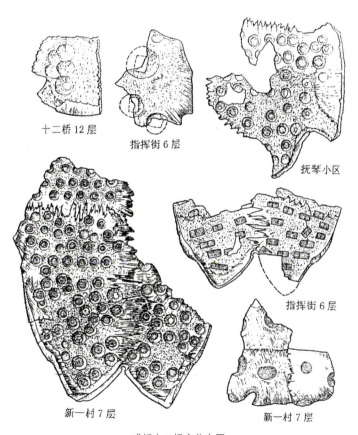

十二桥12层　　　指挥街6层　　　抚琴小区

新一村7层　　　　指挥街6层

新一村7层

成都十二桥文化卜甲

地东部各地，夏、商时代曾为古蜀王国的属地。因此，出产于这些地方的良龟、灵龟、大龟，应是通过贸易交换或贡纳等方式输入古蜀王国中心城邑的，呈现为双向性或单向性的物资流动模式。

（三）手工产品的再分配模式

一是贵重的手工产品。如金器、青铜器、玉石器和雕花漆木器等，从目前所见资料仅在中心城邑出现，表现出单向性的流动模式。

二是珍稀原材料。如铜、锡、铅、金、玉等资源的流向，其中出产在蜀地的，呈单向性地流往中心城邑；不产于蜀地的，则以贡纳或交换等形式，呈单向或双向性地流往中心城邑。如三星堆出土青铜器中的铅，据科学测定，来源于云南，这部分铅就只能以贡纳或贸易、交换等方式从云南引进。

三是青铜兵器的流动。三星堆文化时期，三星堆遗址以外各地所发现的蜀式兵器，在发现地点均无铸铜作坊的遗迹，而在三星堆遗址，却发现大量铸铜的坩埚和铸出铜器后取出的模具（范土）碎块，以及大量熔炼青铜器后遗留下来的炼渣（铜渣），表明三星堆遗址有大型青铜器作坊和工场。这些现象可以说明，包括兵器在内的金属军事装备，在

陕西宝鸡弜国墓地出土的小型青铜人像（男相）　陕西宝鸡弜国墓地出土的小型青铜人像（女相）

古蜀王国是由中心城邑直接流向次级城邑或各个军事据点的，属于单向性的流动模式。

四是大型礼器群的流动，仅仅出现在核心统治集团所在的三星堆古城，分布范围极为有限，其成品的制作也在这座古王城内部，或部分来源于次级城邑，呈现为封闭式、单向性的流动模式。

（四）富于特殊用途的自然资源的再分配模式

这类自然资源，主要是大自然极其普通的赐品，例如土、石、木材等。由于这类自然资源可以充作各种各样的建筑材料，所以也被赋予了某种权力的成分。

据史书记载，在成都平原古蜀王国的故土上，分布着数量众多的巨石，这就是为专家们所盛称的"大石文化遗迹"。这些大石文化，来源于蜀人对其先民及其居住环境的怀念，被作为宗教上的纪念性建筑，耸立在成都平原古蜀王国故土各处。成都平原属于大河冲积扇平原，本土不产任何大石。作为古蜀王国大石文化建筑材料的巨石，都是从邛崃山开采，经过千辛万苦运输到成都平原，再立于各地的[①]。这种流动，是一种单向性的流动模式。

成都支机石

---

① 冯汉骥：《成都平原之大石文化遗迹》，原载《华西边疆研究学会会志》第16期，转载《冯汉骥考古学论文集》，文物出版社1985年版；童恩正：《古代的巴蜀》，四川人民出版社1979年版，第83页。

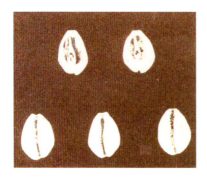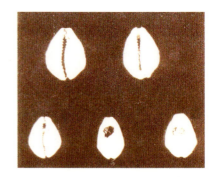

三星堆遗址出土的海贝

　　另外还有不少海洋生物资源，例如在三星堆一、二号祭祀坑内出土的大量海贝。这些海贝的原产地，主要在印度洋和南海的深水海域，它们被古蜀王国的权贵们充作财富的象征和垄断对外贸易的标志，也是古代东南亚和南亚次大陆的通用货币。海贝的发现，表明古蜀王国权贵们对于外贸及其手段的占有掌控。这也是一种互动、双向性的物资流动模式。

　　再分配模式体现着生产、消费、交换、分配体系的全过程及其运作机制。古蜀王国的再分配模式，据上所述，大体上可以归结为三种结构：一种是各次级聚落或民间广泛的互惠性交换或贸易。对于这种结构，我们这里不多作分析论述。二是各种物资从次级聚落向中心城邑单向性流动和高度汇聚，主要物资种类有食物、贵重手工产品、奢侈品、艺术品，尤其是富于王权权威和神权威严以及具有重大战略意义的自然资源和物资。三是从中心城邑反向流动于次级聚落和军事据点的单向性流动，这类物资主要是青铜兵器。第二类物

金沙遗址二号坑礼仪性堆积

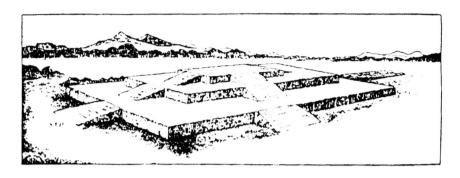

成都羊子山土台遗址（复原想象图）

资流动的大规模化及其在中心城邑的集中化所表现出来的高度社会控制，与第三类物资的反向流动模式所表明的对专职暴力机构的控制，说明古蜀王国的王权行使范围和程度，都已远远超出酋邦制组织的酋长权力，达到国家政权的水平。这一方面意味着古蜀文化的城乡连续体、文明中心和原始边缘等诸种结构的形成，更重要的则是说明，在古蜀王国的再分配机制中起决定性作用的控制系统，是凌驾于社会之上的国家政权，其核心是神权与王权，其典型物化形式是金杖、青铜雕像群、青铜礼器、青铜兵器、玉石器、城墙、宫殿建筑、大型祭坛。

古蜀王国王权的内涵表明，古蜀王国的神权统治集团业已形成了一个集权性的政府，可以任意征发、调集和支配广大农业生产者、手工业者、建筑者、运输者以及各类艺人，控制了劳动分工，占有广大劳动者阶级的剩余劳动及其产品，并将其全部据为己有，变公天下为家天下。这个政府可以通过各种强制手段，把大量劳动力集中使用于建造规模巨大的城墙和礼仪中心，生产各种各样的奢侈品，又突出地表现出它的专制主义色彩。因此，蜀王权力具有专制主义的集权性质。

古蜀王国王权的另一个特点，是宗教神权的异常强大和活跃。除三星堆古城墙外，成都金沙遗址也是一处重要的祭祀中心①，成都羊子

---

① 成都文物考古研究所：《金沙——21世纪中国考古新发现》，五洲传播出版社2005年版。

山土台也是一座用于宗教目的的大型祭坛[①]。这座土台呈三级四方，底边长103米，一、二级各宽18米，第三级31.6米，高达10米以上，总面积约为10732平方米，估计使用泥砖130多万块，用土总量在7万立方米以上。规模如此浩大的宗教礼仪工程，即使动用数万人修建，也得好几年才能竣工，足见宗教集团握有治民之权。三星堆出土的大批青铜器、金器、玉石器、象牙等稀世珍宝，集中出现在一、二号祭祀坑内，也充分显示出宗教神权的统治地位。因此，古蜀王国实质上是一个实行神权政治的国家，政教合一，王权正是在神权外衣的掩盖之下，对广大劳动者阶级实施严酷的阶级统治的。

四、统治集团的分级制体系

权力体系的研究，是了解权力性质的关键。在这方面，历史文献基本上什么也没有遗留下来，几乎是一片空白。考古学材料弥补了这个缺憾。三星堆遗址出土的大型青铜雕像群，便是其秘密之所在。

我们首先需要研究青铜雕像群的功能。

我们已经知道，三星堆大型青铜雕像、人头像、人面具、金杖、金面罩，是采借的一种外来文化。这些新移入的某些文化成分，因其处处充满着的神秘王国气氛，因其为古代蜀人所从未见、为整个古代中国所从未见，而恰好适应了古蜀王国在神权的庇护下强化王权机制的需要。例如，作为神权、王权和财富垄断之权统一体的最高象征物金杖的出现，无疑适应了古蜀王统一政权并作为群巫之长的标志的现实需要；而大型青铜雕像群，不仅显示出物质财富上的垄断和在精神世界中的巨大威慑力量，而且还活生生地展现出古蜀王国的神权与政权结构，即群巫从属于大巫、诸王从属于蜀王这一现实的权力结构，也足以使诸神或诸王对于大型礼仪中心的奢望得到充分满足。同时，这种文化采借，由于在某种程度上有助于古蜀王国的地方主义运动，有助于与中原

---

① 四川省博物馆：《成都羊子山土台遗址清理报告》，《考古学报》1957年第4期。

王朝相抗衡①，也特别有助于王权的神化和强化，因而较易于为古蜀所吸收。

三星堆遗址出土青铜人头像

那么，青铜雕像群反映了一种什么样的历史文化背景呢？

从文化人类学角度分析，环境（包括自然环境和社会文化环境）的适应可能引起文化的变异，但以不影响基本文化结构为限②。青铜雕像群在古蜀王国的突然展现，对于古蜀的土著文化来说，无疑是一种变异。发生变异的根本原因，不在于社会基本结构的变化——核心统治集团依然是以鱼凫王为代表的王者和巫师——而在于适应一种新的统治机制。这种新的统治机制，就是以蜀王为核心的一个统治空间更广、族类更多的政治实体的形成，即以蜀为中心的多元一体的统治的形成。

三星堆一、二号祭祀坑出土的青铜全身人物雕像、人头像、人面

---

① 在金杖、雕像的制作、使用时期，战争和对抗在蜀、商的官方交往中，占据着重要内容。参见段渝：《商代蜀国青铜雕像文化来源和功能之再探讨》，《四川大学学报》1991 年第 2 期。

② M. 萨林斯、L. 塞维斯：《文化与进化》第 3 章，浙江人民出版社 1987 年版。

三星堆二号祭祀坑出土的青铜武士雕像　　　三星堆遗址出土的青铜武士雕像

三星堆遗址出土的青铜武士雕像服饰线描图

像，都是服式、冠式、发式各异。服式上，有左衽长袍、对襟长袍、右衽长袖短衣、犊鼻裤等，各不相同。发式上，有椎髻、辫发、盘发等区别。冠式上，有花状齿形高冠、兽面高冠、平顶冠、双角形头盔等区别。从人类学和中国史籍对古代民族的识别标准来看，衣、冠、发式都是区分族别的重要标志，此外还有言语、饮食等。言语、饮食今已难以详考；仅就衣、冠、发式而言，一、二号祭祀坑出土的雕像群显然标志着不同族

三星堆青铜人头像

类的集合。这些族类，证之史籍，当包括氐羌和西南夷诸部族，也有不见于古代中国的某些外来族类。

　　根据结构分析，这些雕像的社会地位至少有两个层次或等级。二号祭祀坑所出连座通高260厘米、与真人大小基本一致的戴兽面高冠的青铜大立人，衣襟前后饰异形龙纹，显然是群像之长、一代蜀王，即古蜀王国的最高政治领袖，同时又是主持宗教仪式的神权领袖，即群巫之长、一代大巫师。第二层是各式人头雕像，看不出明显的高低贵贱之别，何况共置一处，无主次之分，表明地位基本没有差别，绝不是用作祭祀礼仪的牺牲（人牲）。各坑人像、人头像与礼器的共存情况，确凿无疑地展示出众多族类举行共同的祭祀礼仪活动的情景。这个青铜雕像群结构的核心，便是青铜大立人。

　　青铜大立人头戴兽面高冠，形

大禹治水就是从岷山开始的

禹穴位于四川北川县九龙山下，
相传大禹降生于此

象与金杖图案上的人头一致，表明是最高神权政治领袖。它脑后的椎髻，与《蜀王本纪》所记蜀人"椎髻"一致，表明是蜀国之王、群巫之长。其余各式人头雕像，则是各族首领，次级群巫。而无论群巫之长还是群巫，在当时都被奉若神明，代表着各式各样、大大小小的神。

《国语·鲁语下》记载了孔子的一段言论，颇能说明这种现象。孔子说：

> 丘闻之，昔禹致群神于会稽之山，防风氏后至，禹杀而戮之，其骨节专车。

又说：

> 山川之灵，足以纪纲天下者，其守为神。社稷之守者，为公侯。皆属于王者。

这件事还见载于《左传·哀公七年》记：

> 禹合诸侯于涂山，执玉帛者万国。

两书所记，实为一事。《左传》中所记的"诸侯"，在《国语》里记为"群神"。显然可见，群神其实就是诸国之君，而大禹就是主神，也就是万国共主，所以《史记·夏本纪》称禹为"帝禹"。

在古代社会，各国之君、各部族之长同时又都是其治民所尊奉的神，这是一种普遍现象。又因为这些为君为长者主持各种祭祀礼仪，主持天地人神之际的交通，就像《国语·楚语》所记重、黎"绝地天通"一

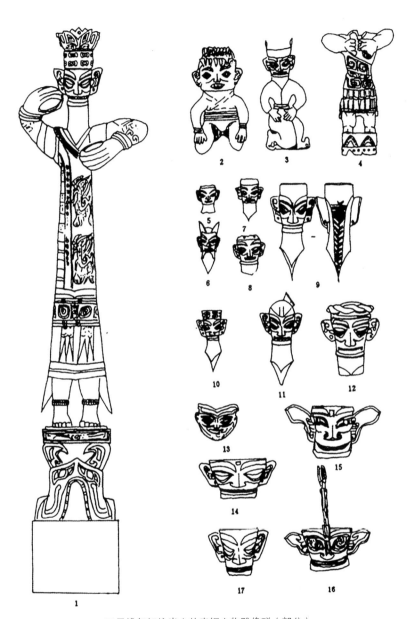

三星堆祭祀坑出土的青铜人物雕像群（部分）

1.大立人像 2.跪坐人像 3.单膝跪坐人像 4.小站立人像（搬） 5.Ⅰ型头像 6.Ⅱ型头像 7.Ⅲ型头像 8.Ⅳ型头像 9.Ⅴ型头像 10.Ⅵ型头像 11.Ⅶ型头像 12.Ⅷ型头像 13.Ⅰ型面像 14.Ⅱ型面像 15.Ⅲ型1式面像 16.Ⅲ型2式面像 17.Ⅳ型面像

样，因而同时又成为了巫师。群巫与群巫之长、各国之君与天下共主，这种关系就形成了多元一体、有层次、有主从的结构关系。

成都十二桥商代木结构建筑遗迹

三星堆青铜大立人像，由于其巫师的形象特别突出，它高踞于群像之上，既有王者之风，又有主神之仪，因此是群巫之长。其他人头像、人像则多为西南夷形象，或氐羌人形象，它们代表着蜀王治下的各级统治者、各部族之长或群巫。由此看来，青铜雕像群所展示出来的，是一个以蜀王为核心，有着众多族类君长拥戴的统治集团结构。

包括出土青铜雕像群的一、二号祭祀坑时期的三星堆文化面貌，是成序列地继承和演进的，表明从三星堆二期以来，社会基本结构未变，统治者族属未变。同一时期三星堆文化的空间分布，从考古学文化上显示出来的有成都金沙遗址商代文化层、十二桥遗址、羊子山土台基址、成都指挥街遗址、新繁水观音遗址、雅安沙溪、忠县㽏井沟以及汉中城固的青铜器群，还有《华阳国志·蜀志》所说的岷江上游的蜀文化，等等，它们在面貌和内涵上都同三星堆遗址属于同一区系文化，均应纳入古蜀文化范畴。它们与三星堆遗址的关系，应是蜀文化结构框架中的各个层面和各个支撑点同文化中心的关系。其空间构架可以从两个方面来认识。

第一，从平面结构看，三星堆遗址与其他遗址的关系，是一种中心遗址与边缘遗址的关系。

第二，从垂直结构看，又是一种高级中心与次级中心、低级中心和一般性居址的关系。

平面与垂直两种结构，使我们能以立体的视角，清楚地看出古蜀王国的统治在空间上的广延性和分级性，看出王权实施的广度和深度。

再从年代上看，根据从考古地层学理论发展出来的民族学"年代—区域原则"（age-area principle）[①]，在一定条件下，广为分布的文化要素比其分布受到限制的文化要素的历史悠久；一种文化因素的空间分布越广，其年代就越悠久。由此判断，分布于成都平原至汉中盆地的与三星堆遗址相同的文化因素，由于在当地找不到其起源和演变的序列，就只能认为是三星堆文化在空间上的延伸，或者说是传播。而三星堆遗址本身有清楚的发展演变序列，在考古学年代上又早于其他遗址，说明它是同一文化的传播源所在。同时，三星堆遗址文化本身持续发展了上千年之久，又充分说明了蜀王统治在时间序列上所达到的高度稳定性发展。

空间上的连续性和时间上的稳定性，无可非议地说明，三星堆作为蜀王之都，是最高权力中心之所在；其他处于边缘地区和不同层次上的各级次中心及其支撑点，则是这个高级权力中心在各地进行统治的坚强基础和有力支柱，只是其族别各异。这种情况，与青铜雕像群所呈现出来的统治结构完全一致，表明古蜀王国的最高神权政治集团控制着分布有众多族类的广阔地域，这片广阔地域内的各个地方性族系之长，都是臣属于古蜀国王权的小国之君，也是共奉古蜀国主神的群巫。这一点，同商代诸方国对商王室的关系颇为类似。

早于三星堆遗址第二期的年代，是《蜀王本纪》《华阳国志》等史籍所记载的"三代蜀王"时期。从三星堆第二期始建的城墙看，这时已形成了古蜀王国的都城。从第二期开始，各系文化一系相承，无本质变化，表明古蜀王国的统治者族属没有发生变化，权力未曾易手。这就说明，三代蜀王（蚕丛、柏濩、鱼凫）的角逐争雄年代，还在三星

[①] P·K·博克：《多元文化与社会进步》，余兴安等译，辽宁人民出版社1988年版，第356页。

《蜀王本纪》书影　　　《华阳国志·蜀志》书影

堆遗址二期以前，即在中原的商王朝之前。而三代蜀王的战争性质，实际上也是酋邦征服战争，当时社会还处在文明时代的前夜。三星堆遗址第二期对第一期的显著变异，事实上就是三代蜀王战争的结果。其最终结局，是成都平原政治的一体化发展和古蜀王国的建立，并且直接导致了王权与神权的极大发展和本质性转变，导致国家诞生，进入文明时期。

　　考古资料与上述分析恰相吻合。这一时期，不仅器物群较前有显著变化，而且标志王权稳固有力和神权至高无上的都城也建立起来，其辽阔面积甚至超出了同一时期中原商王朝的王都。而三星堆文化在后来近千年间的持续稳定发展和继续扩张，也正表明三代蜀王角逐争雄的时代业已结束，新的统治业已建立，统治秩序趋于稳固。据史书记载，三代蜀王的最后一代为鱼凫。恰恰从三星堆第二期开始，出现大量以鱼凫为蓝本的鸟头勺柄，不仅与城墙的修建年代相当，也与三星堆文化的巨大变异契合，这明确反映了鱼凫王统治的建立，标志着古蜀王国王权神化的开端。

　　通过以上分析，一方面揭示出古蜀国王权的宗教神权性质，另一方面也揭示出古蜀国统治集团的分级制体系，展现出它在部族关系上有中心、分层次的多元一体结构框架。

五、从三星堆文化看古代文明的本质特征

　　从物质文化上看，三星堆文化的古代文明特征是显而易见的：宏阔的古城、灿烂的青铜制品群、滥觞的文字、伟大的艺术、盛大的礼仪中心，等等。但三星堆文化考古遗存中所蕴含着的、看不见的一些结构性特征，换言之，三星堆文化所呈现出来的那些古代文明的非物质文化特征，却不是容易一眼看穿的。这些带有结构性特征的内容，按照美国著名人类学家埃尔曼·塞维斯（Elman R. Service）在其名著《国家与文明的起源》（1975年）中的阐释，包括四个方面：（1）权力系统通过宗

大汶口文化陶器表面的刻画符号

教这种诱取赞同方式来获得对民众的统治权；（2）通过裁决（或解决内部争端或利益冲突）来进行社会管理；（3）提供军事上集中的攻击和防御优势；（4）提供再分配系统或贸易网络的经济利益[1]。这四个方面的结构性特征，均可以在三星堆文化中得到证实。通过对这四个方面的深入研究，将可以充分揭示三星堆文化的古代文明特征及其发展水平。

　　物质文明是人类文化进步到一定阶段的产物，是文明社会的物质表现。国内学术界以"三要素"（城市、文字、青铜器）来界定古代文

---

[1] Elman R. Service, *Origins of the State and Civilization*, Toronto, 1975, p.291–p.296.

明,仅仅是考古学上界定文明的若干种方法中的一种。这种方法有其好处,那就是直观、易找,但用这种方法来研究古代文明,就显得远远不够了。文明既然是人类文化发展演进到较高级阶段的产物,而人类创造这些文明成果是在一定的社会组织内进行的。那么,从功能的角度讲,它就是一种组织行为,组织结构在古代文明的创造中起着关键作用,只有当组织结构发展到一定水平时,才可能产生相应的物质文化形式。所以,对古代文明的研究,除了要研究它的物质成果而外,还必须研究它的社会组织结构和运作机制,才能从比较完整的意义上透彻地阐释一个古代文明社会,也才能够从中发现文化发展演变的动力系统及其各种机制。

　　上面引证的塞维斯所提四点,是古代文明社会组织结构的部分内容,它们包括宗教神权系统、制裁系统、军事系统和再分配系统,由这四个系统整合成为古代文明政治体系中的权力关系,以及权力统治之下的各种社会组织结构。物质文明的大部分成果,是由于组织结构的某种相应需要而产生的。比如,青铜器产生于祭祀或宴享的需要,文字产生于管理或祭祀的需要,城市产生于防御、治水、宗教或展示权力的需要,大型礼仪建筑产生于宗教的需要,如此等等。在一定的意义上

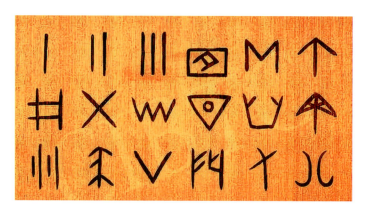

二里头遗址出土的刻画符号

可以说，物质文明系统是权力系统、宗教系统和政治社会组织系统的功能性表现。反过来也可以理解为，物质文明所蕴含、体现的是政治组织、权力结构、管理体制和宗教传统等社会关系及其意识形态。因此，国家组织是古代文明发生发展过程中起根本、决定性作用的要素，也是古代文明的本质特征。

正如塞维斯分析的那样，古代文明中的一些物质文化特征，可以分别在酋邦制水平的社会里发现，所以不能以单个出现的物质文明要素作为文明社会诞生的标志。克拉克洪（C. Kluckholm）强调，至少要有两个物质文明要素加上大型礼仪中心同时出现在一个社会里，才可以称得上文明①，这是很有道理的。从中国的情况看，早在龙山文化时代，黄河中下游的河南、山东地区、黄河上游河套地区、长江中游两湖地区、长江上游成都平原地区，就已出现了若干古城，黄河上游甘肃东乡林家出现了零星、小件的青铜器，黄河下游山东丁公出现了成行的陶文，但大多数不是同时出现在同一个社会里。从政治社会的发展角度看，文明要素的单个出现，意味着在酋邦制组织中还没有产生复杂社会的更高需要，还没有形成它的社会组织基础和经济技术条件。成都平原早期城址群就是这样，由于没有能够证明存在阶级冲突因而必然导致建立一支常设武装力量来支撑凌驾于社会之上的政治组织——国家的考古材料，因而对它们城墙形成的原因，就不能解释为国家政权作用的后果。要判断当时社会究竟是国家还是酋邦，必须对各种资料加以综合分析，“三要素”可以作为衡量标准之一，但不全面，还要从政治社会的角度看它是否有跨血缘的地缘性组织的材料，和是否有公共权力机关的材料。这些材料尤其是武装力量和政权机构标志的材料，一般说来可以从考古材料中发现，就像在三星堆遗址中所大量发现的那样。两相比较，很明显成都平原早期城址群还处在

---

① C. Kluckholm, *The Moral Order in the Expanding Society,City Invincible:An Orlental Institute* Symposium,1960,p.400.

山东邹平丁公龙山文化遗址出土的陶文

文明起源的发展阶段。

　　上述各点，一言以蔽之，古代文明最重要的特征，在于从社会中发展出了一个能够控制并占有基本资源的政治组织。由于它掌握了基本资源，控制了经济命脉，产生了行使权力的经济手段，为了保证经济权力的稳固和扩大，又发展出了武装力量和意识形态权力，这就是国家。由此便导致了物质文化形态方面作为古代文明诞生标志的各种要素的集中出现。从宝墩文化到三星堆文化，其发展演变过程，正是对这种关系最好不过的证明。

第四章

三星堆与金沙：古蜀城市文明

城市是文明时代的重要标志。"文明"（Civilization）一词，来源于拉丁文Civis和Civatas，意指城市居民和社会，含有"城市化"或"城市的形成"等意义。城市一旦形成，便意味着史前生产方式和村落生活方式的基本结束，标志着新的生产方式、社会组织和城市生活方式的出现，宣告了文明时代的来临。正因为城市对文明社会具有特殊意义，V. G. 柴尔德才将人类社会从史前进入文明的巨大变革称为"城市革命"[①]。显然，研究古代文明的起源和形成，不能不着力研究古代城市的起源和形成。

三星堆一、二号祭祀坑原址展示

① V. G. Childe, *Man Makes Himself*, New York,1948.

　　这里论述的古蜀古代城市，既不等于中国封建时代的城市和欧洲中世纪城市，也不等于近代以来的城市。"古代城市"这个概念，是指城乡分化初期阶段的城市，即"早期城市"或"最初城市"。

　　早期城市的概念很难界定。尽管如此，正如 V. G. 柴尔德所说，"有10个以考古学材料演绎出来的抽象标准，可以把甚至是最早的城市与任何过去的或当代的村庄区别开来"。它们是：1. 大型居住区；2. 人口构成和功能与任何村庄都不同；3. 剩余财富的集中化；4. 巨大的公共建筑；5. 从事非体力劳动的统治阶级；6. 文字；7. 历法学和数学；8. 专职艺术家；9. 对外贸易；10. 以居住区而不是以亲属关系为基础的

三星堆遗址地貌图　这个非同寻常的地方，由于揭示了古蜀之谜而名闻遐迩

政治组织[①]。美国文化人类学家R. M. 亚当斯认为，城市形成过程中最本质的转变是社会组织领域内的变化，即社会的规模扩大，复杂性增加，同时在政治上和宗教上都有新的机构出现[②]。柴尔德的演绎抽象，正如C. 伦福儒评论的那样，强调了各种因素之间的相互关系，是一种具有普遍性的模式[③]。而亚当斯又着重强调政治组织领域内的结构性变化和机制转变，他的论述也建立在对中美洲、秘鲁和美索不达米亚早期文明进行分析的基础之上，同样具有广泛的适应性。

具体从考古学文化上来界定早期城市，苏联学者B. N. 古梁耶夫根据对古代东方和中美洲古代文明材料的研究所提出的看法是值得重视的。他认为古代城市形成的标志和特点是：1. 出现了统治者及其王室居住的宫殿群；2. 出现了宏大的寺庙和圣所；3. 宫殿、寺庙建筑群与平民的房舍隔离开；4. 圣区与住宅区明显不同；5. 具有奢华的王陵和墓葬；6. 产生了大型艺术品；7. 有了文字（碑铭石刻）；8. 数量上的标志是：大型广场、大量住宅和公用房屋、较密集的居民等等[④]。

西方人类学家和历史学家还普遍认为，城市革命进程中其他的一些重要特征还有：在特殊的及相互依存的地区间进行商品交换和商品再分配的机构；通常是在城市

三星堆古城墙遗址

① V. G. 柴尔德：《城市革命》（1948），《当代国外考古学理论与方法》，三秦出版社1991年版，第1—12页。

② R. M. 亚当斯：《关于早期文明发展的一些假说》（1959），《当代国外考古学理论与方法》，第33—42页。

③ C. 伦福儒：《对考古学解释的反思》（1982），《当代国外考古学理论与方法》，第324—343页。

④ B. N. 古梁耶夫：《玛雅城市国家》，莫斯科1979年，第14、15、19页。

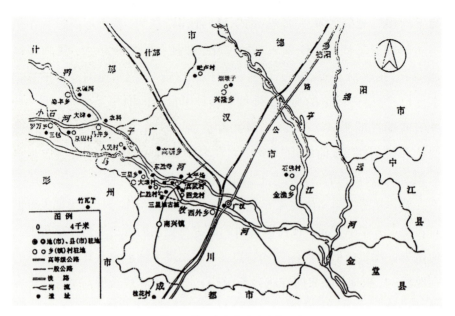

三星堆周围地区古文化遗址分布示意图

革命的核心部分形成以后，人口才有所增加①。这些分析，同柴尔德、亚当斯、古梁耶夫的看法基本一致，也是界定早期城市的通行准则。

　　上述关于早期城市的各项界定标准，多数具有普遍性，对于中国早期城市的确认以及早期城市形成过程的研究，有着重要的借鉴意义和参考价值。根据考古、文献资料并参照上述理论进行分析，可以有把握地确认，在殷商时代，以成都平原为本土的古蜀王国即已产生形成了两座早期城市，这就是广汉三星堆古城和早期成都。

一、三星堆古城的发现与确认

　　20世纪80年代以来，三星堆遗址的重要性日渐为四川省学术界的各个考古机构所认识。1987年，四川省文物考古研究所在三星堆建立了工作站，负责遗址的保护、发掘和研究工作，学术界对三星堆遗址与

①《简明不列颠百科全书》第15版(1984)第2卷，中国大百科全书出版社1985年版，第271页。

蜀王故都的关系逐渐有了深入而明晰的认识。

20世纪80年代的考
古发掘，在蜀王故都的探
索上取得了一系列令人瞩
目的突破性成果。首先是
探明了三星堆遗址的分
布范围：东起回龙村，西
至大堰村，南迄米花村，
北抵鸭子河，总面积约达

1929年出土后存放在燕家院内土砖墙侧的大石璧

12平方公里。分布最集中、堆积最丰富的地点，有仁胜、真武、三星、
回龙四村。其次，找到了相当于夏、商、周时期的房屋基址40余座、陶
窑1座、灰坑100多个、小型墓葬4座。再次，发掘出土大量陶器、玉石
器。尤其是一、二号祭祀坑，出土青铜人立像、青铜面像、青铜人头像、
青铜神树、青铜龙、青铜蛇、青铜夔、青铜凤、青铜鸡，以及金杖、金面
罩、象牙、海贝等稀世珍品上千件。另一重大发现，便是三星堆城墙的
发现与确认[①]，为蜀王故都的重见天日提供了铁的证据。

1988年以后，四川省文物考古研究所对三星堆遗址内东、西、南三
面的土埂进行了全面调查和试掘工作，获得重大成果。试掘探明，城墙
横断面为梯形，墙基宽40余米，顶部宽20余米。墙体由主城墙、内侧
墙和外侧墙三部分组成。在主城墙局部，使用土坯砖，这是我国城墙
建筑史上发现的使用年代最早的土坯垒筑城墙的实物例证。调查和勘
测结果表明，被城墙所围的城圈范围，东西长1600—2100米，南北宽
1400米，现有总面积3.6平方公里，面积超过郑州商城。城墙无转角，不
封闭，北面以鸭子河为天然屏障。在古城的中轴线上，分布着三星堆、

①《三星堆遗址》，《考古学报》1987年第2期；《广汉三星堆遗址一号祭祀坑发
　掘简报》《广汉三星堆遗址二号祭祀坑发掘简报》，分载《文物》1987年第10期、
　1989年第5期；陈德安：《三星堆遗址的发掘与研究》，《中华文化论坛》1998
　年第2期。

三星堆一号祭祀坑、二号祭祀坑发现处

月亮湾、真武宫、西泉坎等四处台地。文化堆积层较丰富、集中。1929年出土的玉石器坑和1986年出土的两个大型祭祀坑，都位于这一中轴线上，说明这个区域是三星堆古蜀国都城最重要的宫殿区。在城墙夯土内发现的陶片，均属三星堆遗址第一期。东城墙和南城墙内侧，发现城墙夯土压在三星堆一期（相当于龙山文化时期）的文化层之上，同时又被三星堆二期（相当于夏代至商代早期）偏晚文化层所叠压。从地层分析，三星堆城墙的时代相当于早商时期[1]。

　　这次调查、勘测和试掘，确认了三星堆城址是夏代晚期至商代古蜀国的都城，使数十年以来学者们对蜀王故都的探索获得了突飞猛进的发展，整个学术研究呈现出一派欣欣向荣的景象。

　　关于蜀王故都，历史文献记载显得过分简略了。三代蜀王的故都所在，蚕丛、柏濩两代完全没有什么材料传世，至于鱼凫王的故都，文献记载也是浑浑噩噩，似乎所在皆有。《蜀王本纪》说：

　　　　鱼凫田于湔山（按：今都江堰市境内），得仙，今庙祀之于湔。

《华阳国志·蜀志》也说：

　　　　鱼凫田于湔山，忽得仙道，蜀人思之，为立祠。

----

[1] 陈德安、罗亚平：《蜀国早期都城初露端倪》，《中国文物报》1989年9月15日。

三星堆古城东城墙发掘现场

三星堆古城西城墙发掘现场

按照《左传·庄公二十八年》的解释：

> 凡邑，有宗庙先君之主曰都，无曰邑。

东汉刘熙的《释名·释州国》也说：

> 国城曰都。都者，国君所居，人所都会也。

既然古蜀人在今都江堰市境内的湔山建立了鱼凫王庙，那么那里便似乎就是鱼凫王的故都所在了。

可是，持不同见解者大有人在。唐人卢求的《成都记》[①]、宋人罗泌的《路史·前纪》都不以为然。这两部书均认为：

> 鱼凫治导江。

"导江"在今都江堰市南，与湔山并不在一个地点。不过，从大范围来看，两地都在今都江堰市境内，差距不太大。

宋人孙寿的说法，差距就很大了。他在《观古鱼凫城诗》的自注中写道：

> 温江县北十五里有古鱼凫城。

清嘉庆《温江县志》充分肯定这一说法：

> （鱼凫王城）在县北十里。俗称古城埂。

————————

① （明）曹学佺：《蜀中名胜记》卷6引。

这几种说法，孰是孰非，自古以来，人们并没有做过认真的辨析。

所幸的是，科学的考古学为我们提供了探索古蜀王国秘密线索的钥匙。三星堆遗址的发掘，大批文化遗物的出土，大量文化遗迹的披露，尤其是古老城墙的发现，证实了上述古籍所载蜀王故都并非虚幻。因为，一座金碧辉煌的蜀王故都，已真真切切地展现在我们眼前。

三星堆文明的再发现，举世瞩目。但是，要确切证实三星堆古城是古蜀王国的故都，还需要进行深入细致的论证工作。

三星堆古城址的现存总面积为3.6平方公里。这样大的古城占地面积，即使在当时（早商时期）的全中国范围内，都是极其罕见的。城墙体的高大、坚厚，反映出可供支配、征发和

三星堆出土大型建筑遗址

役使的劳动力资源相当充足，进而可知居住在城内的统治者必然高高在上，统治着数量庞大的人口，控制着丰富的自然资源、生产资源和社会财富。城圈的广阔，其实质是意味着城圈以内复杂社会的形成，表明其中的生活方式已经截然不同于史前的乡村，城圈内部的社会组织、政治结构以至整个社会的控制系统和运作机制，都已远远超出史前酋邦的水平。再结合对为数众多的直接生产者和从事非生产劳动的专业技术人员（比如各种艺人）的有效统治以及对自然资源、生产资源和社会财富的高度控制来看，一个具有集权性质的政府组织显然已经形成。

在三星堆古城以内已经发掘清理的房屋密集的生活区中，出土了大量陶质酒器、食器和玩物。发掘清理的房屋遗迹，既有平民居住的

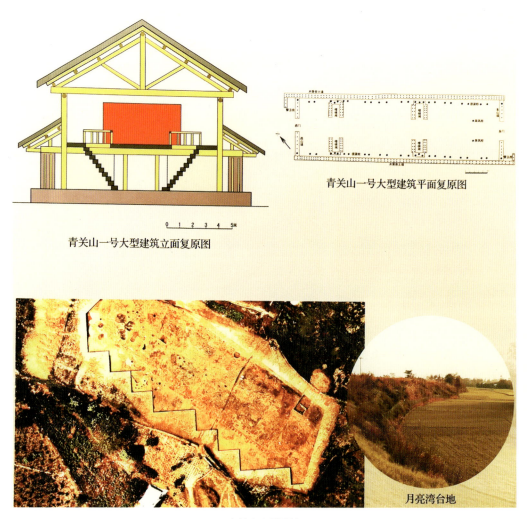

青关山一号大型建筑立面复原图

青关山一号大型建筑平面复原图

月亮湾台地

青关山大型建筑

面积仅仅10平方米左右的木骨泥墙小
房舍，又有权贵们居住的面积超过100
平方米的穿斗结构大房舍和抬梁式厅
堂，还发现了面积达200平方米的超大
型房屋，更发现了面积达800平方米以
上的青关山大型建筑基址。几种房舍
的区别，揭示出其间深刻的阶级分化。
在生活区内，发现了纵横交错的排水通
道，出土了大量青铜艺术品和工艺陶塑
制品、动物、乐器等，还出土大批玉石
礼器和雕花漆木器，出土双手反缚、踞
坐的石雕奴隶像，相反却缺乏农业生

三星堆二号祭祀坑出土的青铜公鸡

产工具[1]，表明这些区域是贵族统治者们的居宅。这就与其他仅出土
大量生产工具、成品半成品和手工作坊遗迹的区域，形成了鲜明的对
照。同时也展示出建筑群依照房舍主人身份的贵贱高低进行分区的
景象。

　　三星堆一、二号祭祀坑出土的上千件青铜器、金器、海贝、象牙和
玉石礼器，无一不是权势与财富的代表和象征。它们显然绝对属于城内
的核心统治集团所拥有。与此
形成强烈对比的是，在遗址内
发掘出的4座墓葬，基本上谈
不上有随葬品，更不用说有什
么金银财宝。这当中的区别，
透露出严重的贫富分化、阶
级分化和严酷的阶级剥削的
实质。

三星堆出土的玉器

---

① 林向：《蜀酒探原》，《南方民族考古》第 1 辑，1987 年。

三星堆遗址出土器物上的文字符号

　　高耸的城墙，城墙外围深陷的壕沟，是阶级冲突加剧的象征。遗址内一些出土陶器上的早期文字符号①，是脑力劳动与体力劳动分野的标志。在三星堆遗址周围12平方公里范围内，分布着十多处密集的古遗址群，文化面貌与三星堆遗址相同。这些遗址群，既与三星堆古城土壤相连，又被三星堆高大的城墙隔开。它们毫无疑问是三星堆古城直接统治下的广大的乡村群落。古城内的粮食、生活用品和一应物品，多来源于此，取之于此。这正是古代城乡连续体业已形成的最显著实例。三星堆古城，显然首先就是作为这片广阔乡村的对立物，从中生长、发展起来，并凌驾在它们之上，对它们实施直接统治的。

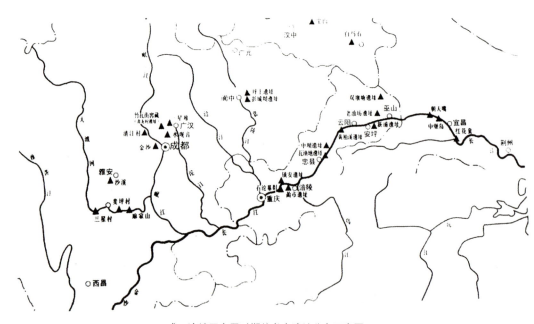

成、渝地区商周时期的考古遗址分布示意图

---

① 林向：《三星堆遗址与殷商的西土》，《四川文物》"三星堆研究专辑"，1989 年；段渝：《巴蜀古文字的两系及其起源》，《成都文物》1991 第 3 期，《考古与文物》1993 年第 1 期。

古蜀地区各种生产资源、社会财富和富于战略意义及宗教神权巨大权威的自然资源，向着三星堆古城的单向性流动和高度汇聚，表现出三星堆古城对整个古蜀文化区的高度凝聚力、向心力和高度的社

三星堆古城北城墙下的疑似建筑基址

会控制；而古蜀文化区各地的青铜兵器等军事装备，又是从三星堆古城呈反向性地流向各个次级邑聚、边缘地区和军事据点，表现出三星堆古城对整个蜀文化中专职暴力机构和军队的强有力控制与指挥。这两种现象确凿无疑地说明，在古蜀王国的巨大社会控制系统中，起决定作用的调控枢纽，是凌驾于全社会之上的国家政权，其核心是王权与神权。

以上所有的因素，无不揭示出人口集中的大规模化，人口结构中非直接生产者的大量产生，剩余财富的集中化，商业关系的广泛建立和远程贸易的产生，社会分层的复杂化和阶级社会的形成，大型居住区与贫民窟的对立，巨型宗教礼仪中心的建成，文字的产生和使用，专业艺人队伍的存在以及神权与王权的强化和统治机器的专职化、制度化，如此等等。所有这些物质的和非物质的因素，整合起来看，正是业已形成为一座早期城市的最主要标志，构成一幅城市文明的清晰图景。

即令从经济进步的角度来认识，三星堆古城所拥有的大规模青铜器生产、玉石器生产和金器制作以及昌盛的酿酒业、建筑业等，都无不显示出远远高于史前村落的经济发展程度。因此，作为城市化机制的核心，三星堆遗址也十分清楚地表现出它作为多种产业生长点和地区的增长中心的特点。因此毫无疑问，三星堆应是一座典型的古代中心城市，即都市，也是古蜀文明的高级中心之所在、权力中心之所在，即古蜀

王国的都城。

二、三星堆古城的形成

广汉三星堆古城的形成过程，从一开始就表现出强烈的神权政治中心性质，以神权政体为中心的社会组织和政治机构，在城市形成进程中发挥着核心的聚合作用。

三星堆古城墙遗址

三星堆城墙的墙体异乎寻常地厚实，基部厚40米，顶部厚20米。如此牢固宽大并具永久性的城墙，其功能和用途是什么？不少学者以为其本身就是防御体系，是为拱卫蜀王之都而营建的。这种解释未必恰当。三星堆城墙固然高大坚厚，但它内外两面却都是斜坡，横断面呈梯形，与郑州商城截然不同，这种形制根本不可能适用于战争防御[1]。况且，从城墙剖面的文化遗物面貌和碳14测年数据来看，似乎几道城墙的筑成年代有先后早晚之分。如此，视其为防御体系，将更加失去依据。有学者认为城墙与防御洪水有关，其功能之一便是作为堤防。可是从地形和位置看，东西两道城墙分别纵贯于鸭子河与

三星堆出土的玉戈

---

[1] 段渝：《关于长江文化研究的几点思考》，《东南文化》1992年第1期。

三星堆出土的青铜鸟头　　　　　　三星堆出土的鸟头把勺

马牧河之间，其横断面分别正对南北的两道河流，却不是以其纵断面朝向河流，很难起到堤防的作用。南城墙虽与马牧河几字形弯道的东边相平行，然而马牧河弯道却又在城圈以内，因此也难以起到堤防的作用。

解释三星堆城墙的功能和用途，最好是联系城内有关文化遗存加以综合研究。迄今为止的三星堆考古发掘中，很少见到实战所用的兵器，即或有其形制，也多属仪仗、礼仪用器，例如玉戈、玉匕、无刃的三角形齿援青铜戈等。而标志宗教神权及其礼仪活动的各类陶制品、玉石制品、黄金制品和青铜制品，出土却极为丰富。强大的宗教神权，显然是同城墙一道与生俱来的。城墙始建年代为三星堆遗址二期，恰恰在这一期中，遗址内开始出现一种很有特色的鸟头柄勺，鸟头长喙带勾，形似鱼鹰，与史籍所述商代蜀王鱼凫的形象惊人地相似。这种鸟头柄勺，绝非一般的普通实用器，而是鱼凫氏蜀王国在特殊的宗教礼仪场合用以舀酒的神器。这种神器与城墙同时出现的现象，暗示着两者之间具有某种不可分割的内在联系。将它们系结在一起的纽带，正是宗教神权。

可以表明三星堆城墙所具宗教性质和神权象征性的，还有若干其他证据，其中重要的是三星堆遗址文化内涵的变化。三星堆遗址分为四期，第一期为新石器文化，第二期以后进入早期文明。引人注目的

三星堆出土的陶盉

是，在第一、二期之间，文化面貌出现了显著变异，反映了社会结构及其运作机制的突变，这种突变是另一支文化战胜土著文化的结果。作为这种文化征服后果的直接表现形式，最引人注目的便是巨型古城的诞生和鸟头柄勺的出现，两者最恰当不过地表明了社会组织领域内的本质性变化，以及政治上、宗教上新的机构的出现。结合《蜀王本纪》《华阳国志》等古文献分析，这种转变来自于鱼凫王对蚕丛、柏灌的征服，并在这个基础上创立了以鱼凫王为核心的宗教神权政体——古蜀王国。作为这个宗教神权政体的象征性神器——以鱼凫为形象制成的鸟头柄勺，在这一时期的突然出现，绝不是偶然的。而城墙的营建，目的正在于适应这个新政体的宗教神权性质。城墙既然不足以构成防御体系，它的首位功能又不是防御洪水，那么就只能合理地解释为宗教性建筑，神权统治者通过它那庞大的物质形式所产生的巨大威慑力量，炫耀神权政体至高无上的权威，并使王权在神权的庇护下达到充分合法化，借以实施严酷的阶级统治。联系到一、二号祭祀坑内瘗埋的大批青铜器、金器、象牙、玉石器来看，大型宗教礼仪活动和祭典等，有可能便是在宽阔的城墙上举行的。这种情形，与美索不达米亚和中美洲古代文明、印加文明城墙、城堡的功能，竟毫无二致。

三星堆城墙遗址

三星堆出土的青铜人头像群（部分）

由此可见，尽管鱼凫王征服蚕丛氏和柏濩氏的战争为三星堆成为古蜀国王都奠定了基础，然而在这座古城的聚合形成过程中，根本性的促进因素却是宗教神权。三星堆文化从夏代到商代的持续发展、城墙的连续使用和续有新筑、鸟头柄勺的始终存在和精益求精，以及金杖、金面罩、青铜雕像群、玉石礼器等神权政治产物的出现，都是同这座城市从聚合成形到规模不断扩大的发展进程相一致的。

三、三星堆古城的功能、结构与布局

商代三星堆蜀王都城规模庞大，聚集了大量人口。根据有关专家对中国早期城邑人口户数平均占地数值的研究，户均占地约为158.7平方米[1]，与《墨子·杂守》所记"率万家而城方三里"，即户均占地154.2平方米的实际情形基本吻合。按此人口密度指数估算，商代三星堆蜀都面积3.5—3.6平方公里，约有22698户。以每户5口计，约有113490[2]人，这在当

---

① 林沄：《关于中国早期国家形式的几个问题》，《吉林大学学报》1986 年第 6 期。

② 段渝：《巴蜀文化是华夏文化又一个起源地》，《社会科学报》1989 年 10 月 19 日；《古蜀文明富于世界性特征》，《社会科学报》1990 年 3 月 15 日；《论商代长江上游川西平原青铜文化与华北和世界古文明的关系》，《东南文化》1993 年第 2 期。

三星堆三号祭祀坑内的遗物类型和分布

时确实算得上大城市了。

三星堆出土的海贝

居住在三星堆古蜀都内的众多人口中，可以依靠食贡获取消费品的，仅是王室、显贵等一小部分上层统治人物。不过他们使用消费品的某些种类，尤其是奢侈品，如大宗象牙、海贝、玉料、黄金、铜锡原料等，仍须通过交换从外获取。中下层统治者虽可通过田产等解决衣食的主要来源，但也必须加入商品交换行列以获得田产或租税所无的各类商品。至于城市平民和工商业者，其主要衣食则必须仰给于市场。所有这些需要，都刺激了商品关系的发展和贸易网络的扩大，并推动了地区之间和不同类型生产性经济之间的各种经济关系的广泛建立。

考古发掘中，三星堆祭祀坑出土了大量来源于印度洋海洋文明的穿孔环纹货贝，即齿贝，与云南出土的贝币一致，也与商、周贝币的功能相同，是用于商业贸易的一种货币。这表明，作为王都和神权政治中心，三星堆古城同时也积极发挥着组织贸易的功能。这种贸易，当主要是外贸。三星堆祭祀坑所出大型青铜人物雕像群、神树、黄金权杖和黄金面罩，其文化因素的来源就与西亚近东文明有关，大量海贝也是原产于印度洋的深水产品，当从中亚和印度、缅甸等地区引入。可见，作为古代都市，三星堆古城最大限度地发挥了其经济功能和对外文化交流功能。

在城市布局方面，三星堆古蜀都的规划布局，目前还不能具体描述。可以知道的是，三星堆古蜀都是以中轴线为核心加以规划、开展布局的，几个重要遗址如宫殿区和作坊区都分别位于中轴线的不同区段上。中轴线东西两侧，东西城墙以内，分布着密集的文化遗存。中轴线南端，南城墙内外，也发现密集的文化遗存。其中有些是生活区，披露出大片房舍遗迹；有些是生产区，发现陶窑、石璧成品半成

发掘出土的三星堆遗址古城北城墙

品、大量生产工具，遗址内发现的陶坩锅和铸造所遗泥芯[1]，表明有大型铸铜作坊。加上广阔的城圈，具宗教功能的雄伟的城墙，南城墙内的大型祭祀坑，这一切都使三星堆古城在总体规划和具体布局上显示出王都气象。宫殿区、宗教圣区、生活区、生产区，便构成商代三星堆古蜀国都城平面规划的四个基本要素。在三星堆古城的西城墙外，还分布有墓葬区；但鱼凫王王族以及统治者显贵们的大型墓葬，至今还没有发现。

四、十二桥文化与金沙遗址：成都城市的形成

古蜀王国城市文明的曙光不仅从三星堆跃然升起，而且还从早期成都的地面上迸射而出。大量的考古资料说明，早期的成都，是一座稍

---

[1] 陈显丹：《论广汉三星堆遗址的性质》，《四川文物》1988年第4期。

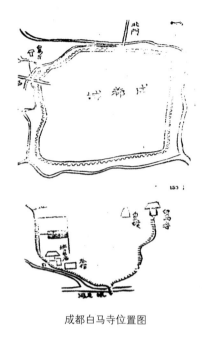

成都白马寺位置图

晚于三星堆蜀王之都的起源形成却与它同步繁荣发展起来的具有相当规模的早期城市。

早在20世纪五六十年代，考古工作者就在成都市青羊宫、羊子山、百花潭、天回山等地相继发现了古蜀文化的遗址、遗迹和遗物。在此之前，20世纪二三十年代还在成都白马寺发现大量蜀式青铜器。其中的许多文化因素，颇早于文献记载所说蜀王开明氏定都于成都的年代。这些考古材料，实际上为探讨成都这座城市的起源提供了重要依据。但由于古代文献和考古资料的限制，学术界还不可能设想成都的城市起源会早于春秋战国之际，更不敢贸然把它上溯到更早的商周时代。

成都白马寺青铜矛描摹图

1985年至1986年，考古工作者在成都市区西部的十二桥，发掘了一座属于商代晚期的大型木结构建筑群，总面积达15000平方米以上①。其中，发现了大型宫殿木结构建筑庑廊部分的遗迹。在主体建筑周围，发现了密集排列的小型干栏式建

成都十二桥商周时期的古蜀建筑遗存

筑遗迹，它们是大型木结构宫殿建筑的附属建筑群。大型主体建筑与小型附属建筑相互连接，错落有致，浑然一体，组成规模宠大的建筑群体。

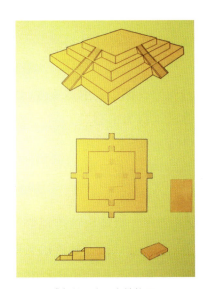

成都羊子山土台结构图

1990年初，又在十二桥遗址新一村住宅工程地面下，发掘出堆积4米以上的文化层，发现了纵横交错的房屋构件20余根，还出土一批从商代早期到春秋战国时期的青铜器和陶、石等器物②。这些为证明早在商代，成都业已形成为一座文明古城提供了直接依据。

在成都十二桥遗址北面的羊子山，还在1956年，考古工作者就曾经清理了一座高大的土台建筑，即著名的羊子山土台③。土台为三级四方形，每层有登台土阶，用泥草制土砖筑

① 四川省文管会、成都市博物馆：《成都十二桥商代建筑遗址第一期发掘简报》，《文物》1987年第12期；四川省文物考古研究院、成都文物考古研究所：《成都十二桥》，文物出版社2009年版。
② 周尔太：《十二桥商代建筑遗址有新发现》，《成都晚报》1990年4月19日。
③ 四川省博物馆：《成都羊子山土台遗址清理报告》，《考古学报》1957年第4期。

墙，内以土夯实。在一望无际的成都平原，这座高达10米以上的土台，
显得倍加巍峨高大。土台年代，原来认为其上限约在西周晚期至春秋
前期。经林向先生研究认为，土台的始建年代，上限当在商代晚期或商
周之际①。

　　成都羊子山土台的三级四方形制，与广汉三星堆二号祭祀坑所出
青铜大立人像，即古蜀王国神权政治领袖雕像的三层四方形基座，形
制颇为一致，而青铜大立人像的三层四方形基座，正可以说是成都羊
子山土台大型祭坛的缩影。不仅如此，成都羊子山土台的方向，测定为
北偏西55°，而广汉三星堆遗址的两个祭祀坑的方向，同样也都是北偏
西55°。可见，作为三星堆古蜀王国高级中心调控下运转的第二级中心，

三星堆二号祭祀坑出土的大型青铜立人像四
方形基座

成都的文化面貌尤其是体现权力、
义务的那些文化面貌，是处处与三
星堆文化保持一致的。

　　与十二桥文化早期阶段属于
同一时期的成都市各考古遗迹，以
十二桥建筑群为中心，沿古郫江故
道分别向北面和西南面的弧形地带
延伸分布，其分布范围约达十多平
方公里，包括抚琴小区、方池街、王
建墓、指挥街、岷山饭店等地带，
物质文化均与十二桥遗址商代文化
层相同②，并且其中任何一个遗址
均未发现边缘，证实它们原是同一
个巨型遗址的不同组成部分。在各
个遗址内，均发现丰富的陶器，其

① 林向：《羊子山建筑遗址新考》，《四川文物》1988年第5期。
② 王毅：《成都市蜀文化遗址的发现及其意义》，《成都文物》1988年第1期。

中绝大多数已碎。一般说来，文化层内每平方米范围中（厚约20厘米），可发现碎陶片100—1000片[①]，可见人口的集中化所达到的相当高度，表明商代的成都已具颇为宏大的人口与建筑规模。

十二桥商周时期古蜀建筑遗址

据发掘简报，十二桥遗址下文化层分为早、中、晚三期。早期年代的碳14测定数据有两个，一为距今4010±100年（经树轮校正），一为距今3680±80年，均在夏代和早商时代的纪年范围之内。中期年代约当殷墟文化第一期，即相当于商代中期或稍偏晚的时期。晚期年代约为

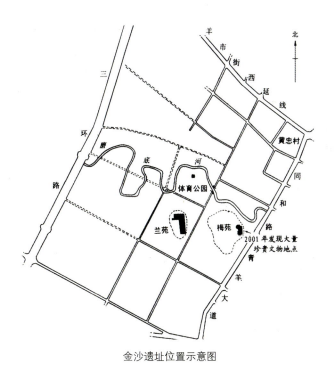

金沙遗址位置示意图

① 罗开玉：《成都城的形成和秦的改建》，《成都文物》1989年第1期。

金沙遗址出土的金冠带

金沙遗址出土的黄金面罩

金沙遗址出土太阳神鸟金箔饰

金沙遗址出土的黄金面罩

长6.9厘米，宽6.2厘米，厚0.1厘米，重4克

金沙遗址出土的蛙形金箔

金沙遗址出土的小型青铜人像　　　　金沙遗址出土的玉琮

商末周初。这几个碳测数据看来偏早，根据学术界近年来的研究，十二桥遗址商周文化层包括第一期和第二期两个发展阶段，遗址的第13层和第12层属于第一期，第11层和第10层属于第二期。第一期包一、二两段，时代从殷墟三期到周初；第二期的时代在西周前期[1]。这组年代数据，不仅告诉我们，十二桥遗址早期阶段与三星堆遗址相当一致的同步性发展，而且还告诉我们，十二桥遗址的早期文化层各期是连续发展演进的，达到了自身的稳步发展状态。而以十二桥遗址为中心南北延伸分布的古遗址群，年代与十二桥遗址基本一致，表明它们作为早期成都这个总遗址的各个组成部分，都是同步发展演进的。它们的共存关系，不单具有明显的空间连续性，而且具有明确的时间稳定性。

　　2001年，在成都市区西部发现了金沙遗址[2]。金沙遗址位于成都市区西郊二环路与三环路之间，遗址北侧是故郫江，磨底河由西向东从遗址流过，将遗址分为南、北两部分，北为黄忠村，南为金沙村。金沙遗址

① 江章华：《成都十二桥遗址的文化性质及分期研究》，《四川大学考古专业创建三十五周年纪念文集》，四川大学出版社1998年版。

② 成都市文物考古研究所：《金沙——21世纪中国考古新发现》，五洲传播出版社2005年版。

的分布面积达5平方公里以上。

金沙遗址出土了大量珍贵文物，包括数以千计的金器、铜器、玉器、象牙、石器、骨器、木器等遗物，以及数以万计的陶器、陶片。发掘清理大量极为重要的遗迹现象，如房址、陶窑、墓葬、窖穴、灰坑、象牙堆积坑、石器及猪牙等。金沙遗址出土黄金器物达200余件，其中有黄金面罩、射鱼纹金带、鸟首鱼纹金带、太阳神鸟金箔饰、蛙形金箔、鱼形金箔、金盒、喇叭形金器等，是先秦时期全国范围内出土金器数量最大、种类最多的遗址。金沙遗址出土铜器约1500

金沙遗址出土的跪坐石人像

件，主要有立人像、人头像、立鸟、牛首、虎、龙头、戈、璧形器、方孔形器、眼形器、铃、贝饰等。出土玉器2000余件，不仅数量多，种类丰富，而且制作工艺十分高超，主要有琮、璧、璋、钺、戈、凿、凹刃凿形器、环、贝等器类，是我国出土玉器最多的遗址之一。金沙遗址还出土近千件石器，包括跪坐人像、虎、蛇、龟、钺，制作十分精美。此外还出土10多件木器，主要有耜、神人像等，以及上万件陶器、陶片。令人惊讶的是，金沙遗址出土了大量象牙，其数量之多、个体之大、保存之好，在中国乃至世界考古史上都是十分罕见的①。

从金沙遗址的发掘情况来看，其出土的不同遗迹、不

考古工作人员正在金沙遗址清理象牙

———————————

① 成都市文物考古研究所：《金沙——21世纪中国考古新发现》，五洲传播出版社2005年版。

成都三和花园出土的大型建筑基址

同质地文物，表现出一定的功能分区，由此可以大致推测整个金沙遗址的规划布局：在金沙遗址东部区域，出土了1300多件包括金器、铜器、玉器、象牙、石器、骨器在内的遗物，还发现半成品石器分布区、野猪獠牙分布区和象牙堆积坑。象牙堆积坑内有大批象牙，伴出有玉器和铜器，这个区域可能是宗教礼仪活动区或作坊区。在金沙遗址中南部的"兰苑"，发现大量房屋建筑和红烧土、成排的窖藏、400多个灰坑、80多座墓葬、1座陶窑，出土数以万计陶器、陶片，以及少量玉石器、金器、铜器，时代大约在商代晚期，其中房屋建筑遗迹主要分布在"兰苑"中北部，墓葬主要分布在"兰苑"西部和南部。这个区域应是人们的生活区并有一个小型墓葬区。

金沙遗址中部"体育公园"发现房屋建筑遗迹、红烧土和15座墓葬，其中3座墓葬有随葬品，出土少量玉石器和陶器，年代约在西周早期，这

金沙遗址出土的玉璧

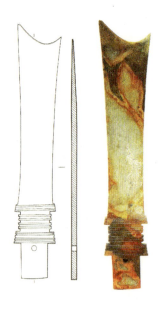

金沙遗址出土的玉璋及线描图

个区域似为居住区废弃后的墓地。金沙遗址东北部黄忠村发现了17座地面建筑，面积都在30平方米以上，其中的6号房址的面积达到430平方米，是一座六开间的大排房。在这个区域清理了13座土坑墓，还发现了17座小型陶窑。黄忠村很可能是金沙遗址大型宫殿建筑区的一部分[①]。

金沙遗址的遗物表现出宝墩文化晚期和三星堆文化的一些因素，但其主体文化与十二桥文化更为接近。金沙遗址出土的铜器、陶器、金器、玉器等文物，时代为商代晚期至春秋前期，与十二桥文化时代相当；金沙遗址出土陶器的主要种类都是十二桥文化的典型器物。因此，可以比较明确地认定，金沙遗址是成都十二桥文化的组成部分，是早期成都城市的核心区。

从金沙遗址包括羊子山土台、指挥街遗址、抚琴小区遗址、新一村遗址等的布局和级别上看，黄忠村显然是这个总遗址群的核心组成部分，无论其分布面积、建筑规模还是出土器物，都远远超乎其他遗址之上。可见，金沙遗址应当就是早期成都城市的中心之所在。这个中心所在的宫殿式建筑，与位于其北面的羊子山大型礼仪建筑遥遥相望，形成一座早期城市建筑格局最明显的标志。这种规模布局和尊卑有序、层次分明的等级体系，是任何一个史前乡村都不能比拟的。显然，以金沙遗址为中心的商代成都，是一座早期城市。

成都金沙遗址、十二桥遗址、羊子山土台建筑遗址以及出土的金器、玉器、青铜器等所体现出来的技术专业化发展，在力学、几何学、

---

① 朱章义、张擎、王方：《成都金沙遗址的发现、发掘与意义》，《四川文物》2002年第2期。

金沙遗址出土的玉牙璧　　　　　　　　金沙遗址出土的玉贝

算学、金属技术等方面科学知识的进步，动员、组织、支配劳动力资源、生产资源、自然资源和社会财富的广泛深入，还反映出一个更加波澜壮阔的时代背景，足以证明已经形成了一个拥有相当集中化权力的政治中心，在支配着大批手工业者、建筑者、运输者、掌握科学知识的专业人员、各级管理者，以及为这一大批脱离食物生产领域的社会各阶层提供食物等基本生活资料的为数更多的农业生产者及其剩余劳动。所有这些社会各阶级、阶层，在一个拥有众多建筑物但其空间分布又十分有限的范围内如此地集中，发生着种种复杂的关系，这恰恰是一座古代城市所必然具备的社会结构，说明一个植根于社会而又凌驾于社会之上的政权组织已经形成。它雄辩地证明，商代晚期的成都，是一座当之无愧的早期城市。

五、成都城市的功能、结构与布局

　　早期成都城市的形成过程，走了一条与三星堆古蜀都完全不同的道路，成都城市的最初起源与形成，同宗教神权没有直接关系。迄今为止，成都商周时期遗址出土的大量卜用甲骨，绝大多数出于一般性遗址，并且均为无字甲骨，钻凿形态极不规整。这与商周王朝的甲骨有着规整的形态相比，反映了占卜行为不由王室巫师集团掌握的特点。而且，从三星堆遗址绝未出土卜用甲骨来看，成都出土的甲骨又反映了占

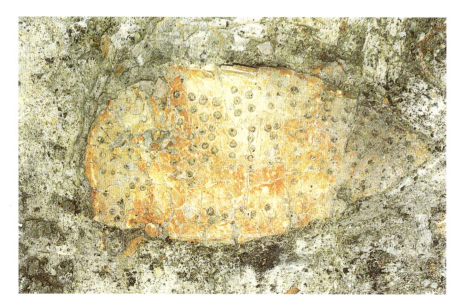

金沙遗址出土的卜用龟甲

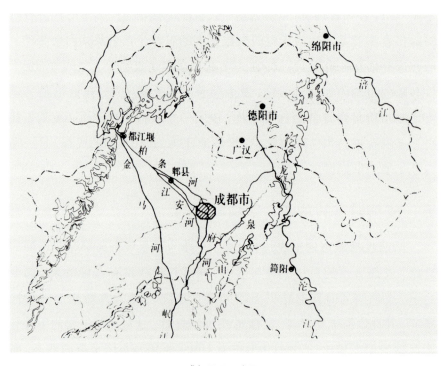

成都平原示意图

卜行为由民间自主的情景。此即《国语·楚语下》所谓"夫人作享，家为巫史"，一般民众均可自主接神，自定位序，自作享祀。这实际上表明，早期成都还没有形成凌驾于社会之上的神权政治集团。

早期成都之所以是一座自由都市，是由于在它的聚合形成过程中，工商业发展是主要的推动力量。从十二桥遗址、金沙遗址、黄忠小区遗址来看，商代晚期成都已经开始向着早期的工商业城市方向发展，拥有青铜器、玉器、陶器、石器、骨器等作坊。三星堆出土的雕花漆木器，大概也同成都的漆器生产传统有关。由成都的大量人口所决定，当时已形成一定规模的市场，当无疑问。商代至两周成都各考古遗址曾出土不少卜甲，其中的主要品种陆龟并不产于成都平原。《山海经·中山经》："又东北三百里曰岷山，江水出焉，东北流注于海，其中多良龟。"良龟即形体丰硕、甲版宽大的大龟，成都商周考古所见此种大龟的甲版不少，当取之于此，可见大龟或其腹甲必在成都有销售市场。成都是大

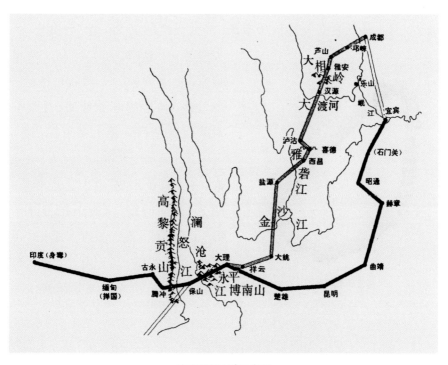

南方丝绸之路示意图

河冲积平原,成都平原本土缺乏铜、锡等青铜原料,其青铜作坊的生产原料也必须仰给于商品交换。成都金沙遗址出土的成吨象牙,也不可能取自成都平原,必定是从古哀牢以西、以南地区甚至缅印地区通过贸易而来的。成都指挥街周代遗址孢粉组合中,发现成都平原不出产的铁杉、珙桐,以及最近几十年才引进成都的雪松花粉①,还出土仅产于川西高原的白唇鹿犄角标本,这些观赏性很强的动植物,显然都来自于交换。

　　成都聚集着数量庞大的人口,需要消费巨量的农产品、副食品和各种手工制品。城市各阶级、阶层中,能够依靠食贡获取消费品的,仅是王室、显宦等一小部分上层统治人物,而他们消费品的某些种类,特别是奢侈品,仍须通过交换从外获取,如大宗的象牙、海贝、玉料、黄金、铜锡原料等,均如此。中下层统治者虽可以衣租食税方式,或因拥有各类产业(主要是田产)解决其衣食的主要来源,但要获得租税所无或农田不产的各类商品,也必须加入商品交换行列。至于城市平民和工商业者,其主要衣食必须仰给于市场,经由交换解决。所谓"公食贡,大夫食邑,士食田,庶人食力,工、商食官,皂隶食职"②,实际是指社会各阶级、阶层的职业性质,主要针对阶级地位和阶级关系而言。这与《国语·周语上》所记"庶人、工、商,各守其业,以共其上",《左传·昭公七年》所记"天有十日,人有十等",《左传·襄公九年》所记"其庶人力于农穑,工、商、皂隶不知迁业"相同,所指主要是阶级关系

西亚琉璃珠串饰

---

① 罗二虎等:《成都指挥街遗址孢粉分析研究》,《南方民族考古》第 2 辑,1989 年。
②《国语·晋语四》。

和职事划分。可见所谓"食某"，并不是指其生活资料的唯一来源和唯一的经济形式。而城市的经济结构，也从来没有如此单纯，即令早期城市亦非如此。所以，无论殷商西周还是春秋战国时代，成都必然拥有进步的工商业及其组织管理机构。

不仅如此。早在商周时代，成都就已初步成为我国西南同南亚、西亚进行经济文化交流的枢纽。早在商代，三星堆蜀都的大型青铜人物雕像群、神树、黄金权杖和黄金面罩，其文化因素的来源就与西亚近东文明有关，当经南亚地区引入①，大量海贝也是原产于印度洋的深水产品。在两周时期，居住在成都的古蜀国王公乃至一般平民流行佩戴一种称为"瑟瑟"的宝石串饰或琉璃珠串饰，后世屡有出土。杜甫寓居成都时的诗作《石笋行》就说："君不见益州城西门……雨多往往得瑟瑟，此事恍惚难明论。是恐昔时卿相墓，立石为表今仍存。"成都西门一带，确是古蜀王国的墓区所在，近年不断发现大批墓葬。据杜诗，唐时瑟瑟往往出于成都西门地面下，足

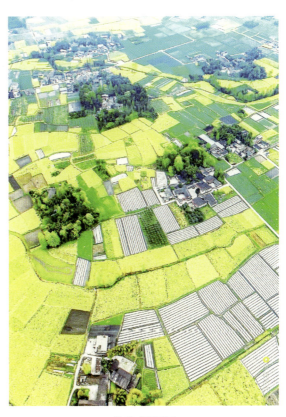

俯瞰成都平原

① 段渝:《古蜀文化是华夏文化又一个起源地》,《社会科学报》1989 年 10 月 19 日;《古蜀文明富于世界性特征》,《社会科学报》1990 年 3 月 15 日;《论商代长江上游川西平原青铜文化与华北和世界古文明的关系》,《东南文化》1993 年第 2 期。

见随葬之多、蜀人佩戴此种串饰之普遍。

瑟瑟（Sit—Sit）是古代波斯的宝石名称，是示格南语或阿拉伯语的汉语音译[①]。成都西门多出瑟瑟，既称瑟瑟，显然杜工部认为是来自西亚、中亚之物。由此可见，作为古代都市，成都的确已最大限度地发挥了其经济功能和对外文化交流功能。由此也可看出，汉代成都之所以发展成为中外闻名的国际贸易都市[②]，实由先秦而然，可谓源远流长。

在布局方面，成都城市依江山之形，沿郫江古道成新月形分布，城市聚合之初的核心部分是金沙村、黄忠村和十二桥，羊子山土台是城市最高大宏伟的建筑。早期成都城市的规划布局完全不存在中轴线，它最显著的特点有二：一是无城墙，二是不成矩形，与三星堆古蜀都和中原商周城市均判然有异。而这两个特点是紧密相关的，一方面在于适应城市的地理环境，另一方面则是为了适应城市的工商业主导功能。

六、成都平原早期城市的中外比较

（一）城市规模比较

先看华北早期城市。河南偃师二里头遗址是迄今已知中原最早的都城遗址，或以为是夏都阳城或斟鄩，或以为是商汤之都亳，迄无定论。该城无城墙，但有宫殿区以及分布于四周的居住区和手工作坊。河南偃师尸乡沟商城是早商城址，包括大城、小城、宫城三重城垣，城址总面积200多万平方米[③]。河南郑州商城，公认是一座商代早期的都城，或以为是商都亳，或以为是商都隞。这座商王朝都城被一夯土城垣环绕，总面积约3平方公里，城内东北部有大片宫殿遗址。这几座处于城市形成早期阶段的夏商王朝国都，除郑州商城外，无一可同商代三星堆古蜀都和商周之际成都的规模相比。

①［美］劳费尔：《中国伊朗编》，商务印书馆1964年版，第345—347页。

②段渝：《秦汉时代西南国际都会的形成》，《成都文物》1997年第2期。

③《偃师商城的初步勘探和发掘》，《考古》1984年第6期。商炜、杨锡璋、王巍、杜金鹏：《偃师商城与夏商文化分界》，《考古》1998年第10期。

安阳殷墟宫殿复原图

郑州商城遗址

埃及泰勒阿玛尔奈古城宫殿遗址

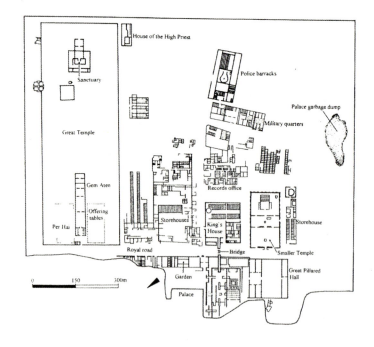

阿马那城市中心平面示意图（埃及）

亚历山大城

　　再看古埃及城市。位于尼罗河三角洲西部边缘低沙漠地区的梅里姆达遗址（Merimda），碳14测年数据为公元前3820±350年，覆盖面积18万平方米，估计人口约有1.6万。K. W. 巴策尔断定是一座新石器时代城镇[①]，但后来的研究证实，梅里姆达遗址并非属于新石器时代，而是属于埃及文明形成时期的涅伽达文化Ⅱ期（Naqada CultureⅡ），甚至早王朝时期的城址[②]。前王朝时期的希拉康坡里遗址（HierakonPolis），由一个中心城市和周围若干附属的乡村组成，面积约8万平方米，人口约有4000至1万[③]。在该城市发展的第二阶段，即早王朝和占王国时期，面积达到8.6万平方米[④]。与古埃及的早期城市相比，中国古代的早期城市，在进入夏代以后，规模要大得多。三星堆古城和成都古城，比上述埃及古城大出几倍甚至几十倍，人口也多出几

[①] K. W. Butzer, *Archaeology and Ceology in Ancient Egypt*, Science, Vol.132, No,3440, p.1618, 1960.

[②] *The Cambridge Ancient History*, Vol.1, part2, p.7, 1971.

[③] K. W. Butzer, 上引文，p.1619–1620.

[④] J. E. Quibell, *Hierakonpolis*, part2, p.15, 1902.

耶利哥遗址

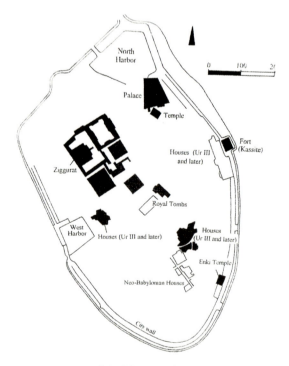

乌尔城市平面示意图

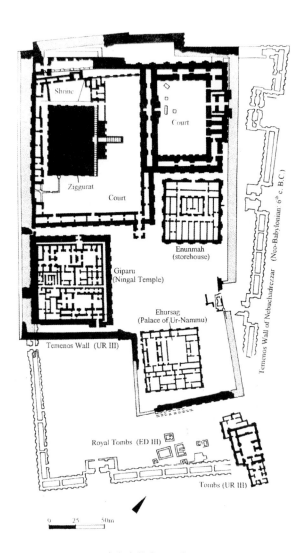

乌尔宗教中心示意图

乌鲁克遗址

近东古城遗迹

摩亨佐·达罗巨大的澡堂

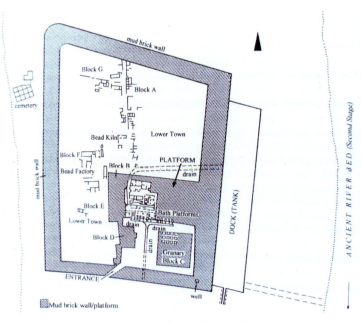

罗塔尔城市平面示意图（哈拉巴文化）

倍甚至十几倍。

最后看美索不达米亚苏美尔城市和印度河文明时代的摩亨佐·达罗城市（Mohenjo—Daro）。迄今已知全球最早的古城遗址，是位于约旦的耶利哥遗址，距今约7000年。两河流域苏美尔早期城市，则以传说中亚伯拉罕的故乡乌尔（Ur）以及乌鲁克（Uruk）最为著名。乌尔古城占地220英亩（约89万平方米），将近1平方公里，而乌鲁克城墙则包围了2平方英里（约3.2平方公里）以上的土地[1]。印度河文明时代的摩亨佐·达罗城市，占地为2.5平方公里[2]。苏美尔城市的人口，V. G. 柴尔德估计在7000到2万人之间[3]，H. 法兰克福估计不超过2.4万人[4]，L. 吴雷则估计有3.4万人[5]。至于摩亨佐·达罗的人口总数，V. G. 柴尔德估计接近2万，日知等中国学者则推测为3万5千人[6]。总的说来，三星堆和成都的规模与西亚和印度河文明早期城市接近，但人口密度却大得多。

（二）早期城市体系比较

一般说来，在邦国林立的上古时代，一个邦国只有一个政治经济中心，而一个文明古国也只有其王都可以称得上城市。《左传·庄公二十八年》："凡邑，有先君宗庙之主曰都，无曰邑。"《释名·释州国》释曰："国城曰都，都者国君所居，人所都会也。"王都不仅政治地位高于邑聚，而且是宗庙之所在，人口也最为集中，具有城市的规模。邑只是较大的聚落，不具备城市的规模、人口数量、功能体系和性质。如以V. G. 柴尔德、R. M. 亚当斯和B. N. 古梁耶夫等分别提出的早期城市的界定标准来衡量，古代相当多的小邦虽然有都，却不一定就有城市。

---

[1]［美］刘易斯·芒福德：《城市发展史：起源、演变和前景》（1961），中国建筑工业出版社1989年版，第48页。

[2]《世界上古史纲》编写组：《世界上古史纲》上册，人民出版社1979年版，第348页。

[3]V. G. 柴尔德：《城市革命》（1948），《当代国外考古学理论与方法》，三秦出版社1991年版，第1—12页。

[4]H. Frankfort, *The Birth of Civilization in the Near East*, 1954.

[5]L. 芒福德：《城市发展史》。

[6]《世界上古史纲》上册，第348页。

雅典卫城遗址

在商代，"大邦殷"是一个庞大邦国联盟的首邦，其邦国本土也只有一座城市，即商王都。商都"不常厥邑"①，徙都频仍，史称"前八后五"，每迁新都，故都即废。至于尸乡沟商城与郑州商城的关系，尸乡沟商城要早于郑州商城，尤其尸乡沟商城小城的建成使用年代约在二里头文化第四期②，可能是商汤灭夏后所都之西亳，大城则稍后发展起来，而郑州商城则可能是隞都。此外，湖北黄陂盘龙城商城、山西夏县东下冯商城、山西垣曲商城，虽均在商代早期，但相距太远，不能构成城市体系，而且它们也只是方国或军事据点。殷代的侯甸男卫外服体制，虽在空间组织形态上与城市体系有些近似，但外服君长称为"邦伯"，其邦不直属"大邦殷"版图。因此，在"大邦殷"本土内，仅有一都，而没有城市体系。正因有如此特点，日知等学者才称殷商为城邦制国家。

周初政体也是方国联盟，周王实为共主，常称各国为"友邦"，称各国君长为"友邦冢君"③。其时周为两都，形成西土和中土两个中心。宗周重在宗庙先君之主，成周重在军事。虽然成周号称"天下之中，四

①《尚书·盘庚》。
② 王学荣：《偃师商城布局的探索和思考》，《考古》1999 年第 2 期。
③ 见《尚书·周书》诸篇。

克诺索斯宫殿废墟

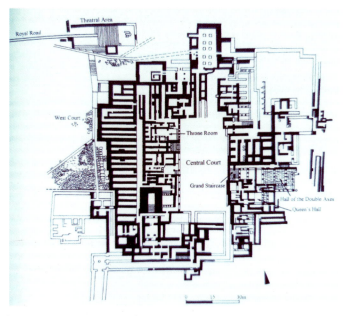

米诺斯宫殿平面示意图

方入贡道里均"[①]，但真正具有组织区域性商业的功能，从《兮甲盘》铭文看，是在西周中晚期之际。而邑一级的聚落，是在春秋中叶以后，随着从卿大夫专权到"陪臣执国命"局面的形成和发展，才开始逐渐上升形成为城市，即所谓"城市之邑"[②]。这时的城市，除少数具有国家政治中心或军事重镇的主导功能外，大多数已走上工商业城市的发展道路，比起殷商西周时代已有了非常显著的变化和巨大的历史性进步。

在全球最早产生城市的两河流域南部，苏美尔城市文明的典型特征是城邦制国家，一个城市连同它附近的乡村就组成一个国家实体，城邦之间只有联盟，谈不上城邦内部的城市体系。

在印度河文明的摩亨佐·达罗城市与哈拉巴城市，分别位于印度河上、下游，相距400英里，形成两个中心，"显然是两个彼此独立的国家的都城（或许多城邦联盟的中心所在地）"[③]。当然，更谈不上其间具有什么城市体系的关系。

古希腊城市有所谓上城、下城之分，上城一般为城堡，是政治中心之所在，战时作为避难所，是城市的屏障；下城一般为城市居住区，是城市的工商业和文化中心。但上、下城是一个连续的城市整体，不能分离，一旦割裂便不能成其为完整意义上的城市。因此，在一个城市国家以内，同样不存在城市体系。

商代三星堆古蜀都和成都，两座城市相距不过40公里，起源、形成年代虽有早晚差别，但繁荣年代却相差无几。在这两座城市的周围，都分别分布着密集的遗址。其内均有主体建筑和一般性建筑，拥有作坊区、生活区、宗教区、宫殿区。每座城市的遗址都具有空间连续性，自成一体，各自呈现出城市的完整面貌。这与黄河流域古城一般雄踞于周边各聚落之上，成为特定地域内若干聚落群中唯一的政治经济中心的情况有着明显的区别；与西亚、埃及和印度河城邦的情况，也有重要的

---

① 《史记·周本纪》。
② 《战国策·赵策一》。
③ 《世界上古史纲》上册，第342页。

克里特克诺索斯遗址

迈锡尼古城遗址

差异；与古希腊城市国家上、下城的情况，更有内涵和性质的不同①。可见，像蜀国这类早期城市体系及其空间组织形态，在世界文明初期的城市史上是不多见的。

我们知道，城市体系的形成，尤其是功能体系分区建立的城市体系，一般属于比较晚近的现象，它主要导源于工商业经济的高度持续发展。古蜀国早期城市体系的形成，正反映了其工商业经济兴盛发达的情况。无怪乎秦大夫司马错力主秦惠文王伐蜀时说："得其布帛金银，足以富国强兵"，足以"利尽西海"②。而古蜀归秦后，也确使"秦益强富厚，轻诸侯"③。

（三）城市起源模式比较

中原城市的起源，一般认为与统治权力有关，是为了防御和保护目的而兴建起来的④。张光直先生进一步论证说，中国早期城市不是经济起飞的产物，而是政治领域中的工具⑤。换言之，中原城市首先是作为区域的政治军事中心而出现的，经济增长、城市起源即以此为基本条件并建立在此基础之上。古蜀的城市起源则有不同类型，三星堆古城和成都的聚合模式，均与中原有异。而且，东周时代成都平原的若干新兴城市，其起源主要同成都平原农业经济、城市手工经济与盆地四周山区畜牧业或半农半牧业经济的交流有关，或与南方丝绸之路国际贸易有关。这种情形，与中原东周时代的城市大多从过去的封邑、采地转化而来的情况，也有显著区别。这实际上表明，中国古代城市的起源、形成和演进，也同文明起源一样，存在着多种模式和多元演进道路。而不同地区、不同类型的城市，最终都确立起工商业主导功能，则是城市发展的必然方向。

---

① 段渝：《古中国城市比较说》，《社会科学报》1990 年 1 月 25 日；又见《人民日报》1990 年 2 月 8 日（海外版）。

②《战国策·秦策一》。

③《战国策·秦策一》。

④ 傅筑夫：《中国经济史论丛》上册，三联书店 1980 年版，第 321—323 页。

⑤《关于中国初期"城市"这个概念》，《文物》1985 年第 2 期。

第五章

三星堆：古蜀文明与夏商文明和长江中游文明

三星堆文化是在自身高度发达的新石器文化基础上，在文明诸要素不断产生的基础上，主要吸收了中原夏商文明和长江中游文明的若干文化因素以及其他地区文化的因素，最终形成的高度发展的古代文明，确切印证了中国文明"多元一体"格局的形成和发展过程。

一、三星堆与夏文化

　　蜀、夏同源，是帝颛顼之后的不同分支，由此而使蜀、夏在文化上有不少内在联系。这在考古资料上可以得到比较充分的证明。

　　(一)蜀与夏：帝颛顼之后的两支亲缘文化

　　从古史传说看，黄帝、昌意、乾荒、颛顼是发源于西北地区的一支

黄帝后裔世系表

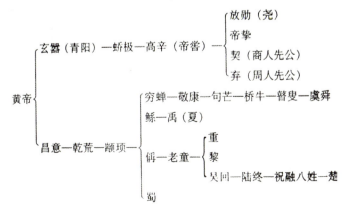

三星堆出土的陶盉

三星堆出土的高柄豆

三星堆出土的青铜牌饰

文化，后来黄帝和颛顼先后入主中原，成为黄河中游地区的主宰者，其文化也成为构成早期中原文化的渊源之一。

由黄帝和帝颛顼的东迁，可以知道，两位古史上的帝与后来成都平原的古蜀文化，其间关系可以经由两条途径相联系。其一是由西北至岷江上游以达于成都平原，即由颛顼的母系蜀山氏所在之地南出岷江河谷至古蜀文化的腹心之地。其一是从中原经长江中游溯江西上达于成都平原，即由颛顼入主中原后所建之都帝丘[①]（今河南濮阳），南下长江与古蜀文化相沟通。这两条途径，在考古学上均有若干证据，足以证明黄帝、帝颛顼与巴蜀文化关系的存在。

考古学已证实，四川广汉三星堆文化古城遗址是夏商之际至商末古蜀王国的都城。三星堆遗址的年代则可上溯到距今4700年前。三星堆遗址在考古分期上分为四个大的时期，第一期属于新石器文化，第二期以后进入文明时代。第一期属于宝墩文化范畴，第二期则有一组新文化因素，与第一期显然不同，从考古学上证实了有新文化的进入并成为三星堆文化的主人和当地的统治者。这种显著的文化变易，不仅表现在陶质陶色上，在陶器形制上的变化上也引人注目。在出土的属于这一时期的新型陶器组合中，包含有二里头文化（夏文化）的因素，如陶盉、高柄豆，以及青铜牌饰。这些文化因素出现在取代三星堆一期的三星堆二期，充分表明它们是作为这支新文化的一部分入主三星堆的。换言之，这些夏文化的因素，是三星堆二期主人带进的，是三星堆二期新型文化的组成部分之一。

据邹衡先生研究，陶盉是夏文化的礼器之一，《礼记·明堂位》所谓"夏后氏以鸡彝"，鸡彝即是形态仿自于鸡的一种陶盉，所以二里头文化的陶盉往往捏出眼睛[②]。三星堆遗址出土的陶盉，也恰在封口处捏出眼睛，并在錾上刻划横斜相同的纹路。两者细部的相似，以及二里头陶

---

① 《左传·昭公十七年》。

② 邹衡：《夏商周考古学论文集》，文物出版社1980年版。

二里头遗址晚期出土的陶盉

盉在形态上早于三星堆陶盉等情况，说明三星堆二期与中原二里头夏文化存在某种内在的联系①。三星堆陶盉从二期到四期一直存在和发展演变，说明了这种联系的必然性和深刻内容。李学勤先生指出，在商代及其以前，蜀与中原便有文化上的沟通，从考古上看，蜀、夏同出于颛顼的传说绝不是偶然的②。这一论述确有根据。可以说，蜀与夏是帝颛顼之后的两支亲缘文化。

我们认为，三星堆二期至四期文化的主人，是古史传说中的鱼凫氏。鱼凫氏的来源，正好与《山海经·大荒西经》所载颛顼所化的鱼妇（即鱼凫）有关。此篇所说"风道北来……是为鱼妇"，即是从神话学的角度，反映出来的鱼凫氏的来源。而"颛顼死即复苏"，更从这一古人特有思维方式的角度，反映出鱼凫在成都平原建立古蜀王国的史迹，表明鱼凫氏与颛顼确实有着千丝万缕的联系。

颛顼帝画像

颛顼是夏文化早期因素的来源之一，禹为其后，夏启又为禹后。因此，三星堆二期出现的若干夏文化因素，正是对鱼凫氏古蜀文化与颛顼关系的一个极好说明。鱼凫氏来源于岷江上游，岷江上游正是蜀山氏之所在，为颛顼母家的居所。其地新石器文化也受到西北甘青地区

---

① 孙华:《巴蜀文物杂识》,《文物》1989 年第 5 期。
② 李学勤:《〈帝系〉传说与蜀文化》,《四川文物》"三星堆古蜀文化研究专辑",1992 年。

古文化的若干影响，这种现象应与古史传说所谓"昌意娶蜀山氏女，曰昌仆，生高阳"有关[①]。可见，三星堆文化所反映的蜀山氏与昌意（乾荒）和颛顼的关系，两者是恰相一致，而年代则有早晚之别，从而证明黄帝和颛顼与蜀的关系是千真万确的史实，不能轻易否定。

二里头遗址出土陶盉（左）；三星堆遗址出土陶盉（右）

　　二里头夏文化与三星堆文化相联系的另一途径是长江。徐中舒先生早就指出，四川新繁水观音遗址出土的陶鬹、陶豆，与湖北、河南、安徽、江苏出土的后期黑陶，可以说是一系的宗支。从这些陶器的分布，可以清楚地看出古代四川与中原地区的联系，其主要道路是沿江西上的[②]。长江三峡地区的考古发掘和研究也一再证实，在三峡地区长江沿岸，三星堆古蜀文化遗存同二里头夏文化遗存是交互分布的。这种现象无疑是对两者关系的重要说明。

（二）三星堆文化中二里头因素的来源

　　三星堆文化是由三星堆遗址而命名的[③]。学术界曾将三星堆遗址

① 《史记·五帝本纪》。

② 徐中舒：《论巴蜀文化》，四川人民出版社 1981 年版，第 4—6 页。

③ 四川省文物管理委员会等：《广汉三星堆遗址》，《考古学报》1987 年第 2 期。

桂圆桥遗址发掘现场

的文化遗存分为四期, 时代从新石器时代晚期直至商末周初①。后来,
有学者把三星堆遗址的遗存分为三期, 其中的第二期称为三星堆文化,
年代大致为中原的二里头文化时期到殷墟文化第一期; 把三星堆遗址
的第三期遗存称为十二桥文化, 时代为殷墟文化第一期至第三期②。
再后来, 有学者把成都平原的先秦考古学文化分为宝墩文化→三星堆
文化→十二桥文化→上汪家拐遗存, 其中三星堆文化又被分为三期,
年代为距今3700年左右至殷墟文化第二期③。2009年桂圆桥遗址发
现后, 学术界又提出成都平原的考古学文化序列为"桂圆桥文化(距
今 5100—3460年)→三星堆一期(宝墩)文化(距今4600—4000 年)→
三星堆文化(距今4000—3100年)→三星堆四期(十二桥)文化(距今

---

① 陈显丹:《广汉三星堆遗址发掘概况、初步分期——兼论"早蜀文化"的特征及
　其发展》,四川大学博物馆等编:《南方民族考古》第 2 辑, 四川科学技术出版社
　1990 年版。

② 孙华:《试论广汉三星堆遗址的分期》,四川大学博物馆等编:《南方民族考古》
　第 5 辑, 四川科学技术出版社 1993 年版。

③ 江章华等:《成都平原先秦文化初论》,《考古学报》2002 年第 1 期。

3100—2600年）"[1]。另有学者认为："金
沙遗址发现后被纳入十二桥文化。金
沙遗址出土了大量青铜器、金器、玉器、石
器、象牙等，它们不仅风格与三星堆的同
类遗物相同，而且表明该文化与三星堆
文化具有相同的知识系统和价值系统。
从这个角度看，二者或许同为三星堆文
化。"[2]这就是说，三星堆文化的年代，
应是距今4000—2600年。这个分析是很
有道理的。

二里头文化遗址出土的陶爵

　　二里头文化，是以河南偃师二里头遗址为代表，以豫西、晋南为
主，分布范围及于豫东、冀南的一支考古学文化，绝对年代约为距今
3900—3500年[3]。多数学者认为，二里头文化就是夏文化。

二里头文化遗址出土的铜盉

　　在三星堆遗址二期即三星堆文化的形
成期，出现了一组新的文化因素，其中与二
里头文化相关的有陶盉、高柄陶豆等等。那
么，是否可以如有些学者所说的那样，三星
堆文化中那些二里头文化因素，是单独地从
二里头文化直接传入的呢？对此，有必要做
些分析。

　　我们知道，二里头文化的面貌有其独
特的特征，最典型的有一组区别于其他考
古学文化的陶器组合。在这组陶器中，作炊
器的是鼎、折沿深腹罐、侈口圆腹罐等。作
食器和容器的是深腹盆、三足盘、平底盆、

① 万娇、雷雨：《桂圆桥遗址与成都平原新石器文化发展脉络》，《文物》2013年第9期。
② 施劲松：《三星堆文化的再思考》，《四川文物》2017年第4期。
③ 夏鼐：《碳十四测定年代与中国史前考古学》，《考古》1979年第4期。

偃师二里头遗址宫城东墙

豆、小口高领罐、瓮、缸等。另外还有澄滤器，器盖以及觚、爵、盉等酒器。侈口圆腹罐口沿部位的花边形装饰的深腹盆、甑、侈口罐等口沿下附加对称的鸡冠形鋬，是这组陶器中很有特色的风格[1]。

青铜器方面，二里头遗址历年来出土不少青铜器，有工具、武器和礼器。工具主要是小刀、钻、锥、凿、锛、鱼钩等，造型简单；武器有镞、戈和钺，戈分为直内和曲内两种，钺有上下

二里头遗址中期陶盉

二里头遗址后期的乳丁纹青铜爵

---

[1] 中国社科院考古所：《新中国的考古发现和研究》，文物出版社1984年版，第212、213页。

盘龙城遗址出土的青铜鼎

商方鼎

商晚期的北单簋

二里头遗址出土镶嵌绿松石铜牌饰（左）；三星堆遗址出土镶嵌绿松石铜牌饰（右）

三星堆遗址出土的陶钵

三星堆遗址出土的陶罐

阑；礼器有爵和铃[1]，还发现背面有纽的铜牌形器[2]。

　　根据二里头文化的陶器组合的特点，我们再来看它在三星堆文化中所占的比重，就很容易看出，二里头文化的典型陶器组合并没有在三星堆文化中出现。换句话说，三星堆文化中的一些二里头文化的陶器形制，只是零星地、不成组合地出现，二里头陶器组合中多数最典型的器物如鼎、爵等并没有出现在三星堆文化当中。相反，三星堆文化的陶器组合是按自身的发展序列有序演进的。这表明，尽管三星堆文化中出现了二里头文化的某些陶器形制，但二里头陶器却并没有在三星堆陶系中占据重要地位，更谈不上占据主导地位。

　　三星堆文化中出现的两件铜牌饰，图案形制与二里头出土的极为相似，应与二里头文化有关。但二里头青铜爵、曲内戈以及青铜工具等，则不见于三星堆。而三星堆青铜文化的主体代表是大型雕像群，这在二里头文化中是绝对没有的。这也可以表明，尽管三星堆文化中发现了二里头文化的某些青铜器形制，但二里头青铜器却并没有在三星堆文化中占据重要地位，更谈不上占据主导地位。

---

① 中国科学院考古所二里头工作队：《偃师二里头遗址新发现的铜器和玉器》，《考古》1976 年第 4 期。

②《近十年河南文物考古工作的新进展》，载文物编辑委员会：《文物考古工作十年（1979—1989）》，文物出版社 1991 年版，第 179 页。

　　三星堆遗址出土的陶器种类较多，据资料，复原的器形有罐、高柄豆、圈足豆、鸟头把勺、盉、圈足盘、平底盘、瓮、器盖、喇叭形器、碟、瓶、杯、碗、壶、纺轮、网坠等20多种，每种又有不同的类型①。其中可见到的与二里头文化有关的只有盉、高柄豆、觚，而且并不是所有高柄豆都与二里头有关。可见，在三星堆陶器种类上，二里头因素所占比例很小，不到7%，不占主导地位。

　　从陶器功能上认识，三星堆文化自身的陶器组合是全方位的，炊器、食器、饮器、日常用器、器盖、器座等，形成完整的功能体系。但其中的二里头文化陶器则没有形成完整的功能体系，只是零散、个别的，高柄豆只能盛装少量食品，盉则只能盛水或酒，或做加温水、酒之用，觚只能做饮酒之器，这三种功能不但根本构不成一个人们共同体所需陶器的功能体系，而且就每一种来说，也完全没有它的组合配套器物，更可见其功能之片面。就陶盉而论，它只是盛酒之器，应有一群相应的酒器组合与之配套，才能形成一支文化的酒器组合。我们看三星堆文化的酒器，从酿酒之器高领大罐，到盛酒之器瓮、缸、壶，到舀酒之器鸟头把勺，再到饮酒之器平底束颈瓶形杯等②，应有尽有，形成完整的酒器组合及功能体系，这与其中二里头文化因素仅见陶盉、陶觚的情形，是绝然不同的。可见，三星堆文化中的二里头文化因素，从功能体系中看是极度缺乏、极不全面的。

　　从以上分析来看，二里头文化因素不但没有在三星堆文化中占据主要地位，相反却居于很次要的地位，同时它自身也并没有形成组、群的集合关系，没有形成文化特质集结（文化丛）和功能体系。这几种文化因素，只有把它们与三星堆文化相充分结合时，才能形成完整的组、群关系和功能体系。

　　显而易见，试图从陶器的角度来论证三星堆文化中的二里头因素

① 四川省文物管理委员会等：《广汉三星堆遗址》，《考古学报》1987年第2期。
② 林向：《蜀酒探原》，《南方民族考古》第1辑，四川大学出版社1987年版。

三星堆遗址出土的陶杯　　　　　　　　　　三星堆遗址出土的陶瓮

是由夏商之际迁入成都地区的夏遗民所带来,这种观点没有得到考古
材料的有力支持。况且,三星堆文化的形成期(三星堆遗址二期)相当
于二里头二期,而这个时代比夏商之际(相当于二里头四期)早了足有
200年,怎么可能说较早的事物是由较晚的事物造成的呢?

　　要从陶器方面分析一支新型文化的形成,应该而且必须看这支文
化形成时期新出现的全部陶器组合,即是把新出现的陶器看成一组完
整的文化特质集结,而不仅仅是看其中的一种文化因素。对于三星堆文
化来说,也必须如此,就是要看在它的形成时期(即三星堆遗址二期)
同时新出现了哪些陶器。从公布的资料看,三星堆遗址二期同时新出现
的器物,有喇叭形大口罐、陶盉、高柄豆、平底束颈瓶、圈足盘、器盖、
瓿、杯、碗、盘等①。这些陶器形成一个比较完整的组合及功能体系,不
能把其中的某几件从中剥离出来指认为属于另一支文化。由于这组陶
器是同时新出现的,功能体系也是完整的,所以这一组完整的陶器组合
才是三星堆文化形成时期的特色要素。换言之,只有把这一组陶器作为
一个完整的组合,才能证明从三星堆遗址一期到三星堆遗址二期发生

① 四川省博物馆:《广汉三星堆遗址》,《考古学报》1987年第3期;陈显丹:《广
　汉三星堆遗址发掘概况、初步分期》,《南方民族考古》第2辑,四川科技出版社
　1990年版。

九鼎图

变化的原因，才能说明一支新型文化进入三星堆地区，改变了当地原先的文化面貌。显然，作为一组完整的陶器组合，三星堆文化形成期的这组富于特色的陶器，绝不是直接来源于二里头文化的。

如前文所述，三星堆文化的开创者是鱼凫，那么，在三星堆文化形成期所出现的这一组陶器组合就应当是鱼凫带入的。而鱼凫为帝颛顼所化，与夏同源，所以在鱼凫文化中有夏文化的某些色彩是完全可以理解的，是不足为异的。我们有什么理由一定要去把这支完整的文化支解开来呢？

蜀与夏既然是帝颛顼之后的两支亲缘文化，就不能不有某些内在的文化联系。三星堆文化中所包含的二里头文化因素，正是这种关系的生动体现。

不过，尽管蜀、夏同源，文化上源具有相关性，但既已别为支系，发展地域有异，政治单位不同，蜀在西南立国称雄，夏在中原建立王朝，因而文化上必然又具有相当差异。三星堆文化与二里头文化在主体文化面貌上的差异，正是二者别为支系、独立发展、自成体系的生动体现。夏王朝作为中原之主，以九鼎象征至高无上的国家政权；蜀为西南雄长，则以金杖象征王权，表明已别为一方之主，政体不与夏同。但是，即令如此，帝颛顼文化的传统特征仍顽强地在蜀地持续不断地传承下来，终鱼凫王朝之世，即从三星堆文化的形成期直到它的衰亡，始终未曾间断。这种现象，正是中华文明"多元一体"的一个生动体现。

二、三星堆与商文明

商文明是一个高度发达而开放性十分强烈的文明。有商一代，商王朝在政治上与黄河流域和长江流域各个方国发生并保持着程度不等的广泛联系，文化上则在吸收各地优秀文化的同时，向各地做强劲辐射，因而不但大大扩展了商王朝的版图范围，还极大地拓宽了商文明的分布空间，使它盛极一时，成为世界古代文明史上最辉煌、最有影响力的文明之一。

商朝疆域示意图

　　在商王朝政治扩张和文明辐射的强烈冲击下，深居西南腹地的古蜀王国不能不对它发生深刻的联系，不能不对它做出强烈的回应。

　　然而，要深入研究商王朝与古蜀王国的关系，长期以来却存在着相当大的困难。由于文献不足征，商蜀关系的研究从来就是先秦史和考古学研究的一个难点。虽然早在殷墟卜辞里，就有商王朝与古蜀关系某些方面的记载，但由于卜辞过于简略，加上历史文献的阙载，所以学者们对殷墟卜辞中关于商蜀关系内涵的解释有着不同的理解和说法，而其解读也主要集中在对古蜀地理方位的考释方面，对商蜀之间的政治关系、经济往来和文化交流等具体内容则颇少论及。上个世纪60年代，学者们曾根据四川新繁水观音和彭州竹瓦街出土的青铜器资料，论说商末周初蜀文化所受商文化的影响[1]，不过也仅限于对青铜器形制、花纹等方面的认识。近年由于三星堆青铜文明的重大考古新发现，才使人们从根本上改变了从前对古蜀所谓蛮荒无礼乐的陈旧看法。学术界充分认识到，商代的古蜀王国，原来是一个拥有大型城市、灿烂青铜文化和文字（符号）的高度发展的文明古国。最近一个时期以来，学术界根据三星堆文化的考古新材料，重新认识古蜀与商文明的关系，在青铜文化的研究方面取得了若干成果，多认为三星堆青铜礼器与商文明有着密切的关系。然而在两者的政治与经济关系的研究方面，仍然是多付阙如，至多也仅具体而微，这不能不说是一大缺憾。

（一）殷墟甲骨文中的蜀

殷商时代，在秦岭以南、横断山纵谷以东的长江上游地区，以今成都平原广汉三星堆为中心，分布范围北达陕南汉中，东至长江三峡，南临古代南中，西及横断山东麓的古蜀王国，是一个神权与王权高度结合，实行神权政治的古代王国[2]。古蜀王国虽然僻处西南腹地，在地理上同黄河流域中原地区相距遥远，具有悠久的始源、独特的文明模式和文化类型，但并非与黄河流域中原地区相互

黄帝画像

隔绝，恰恰相反，古蜀文明不论同夏文明还是商文明，都有着千丝万缕的联系。历史文献表明，在从史前向文明演进的时期，黄帝、颛顼、大禹

---

[1] 王家祐、江甸潮：《四川新繁、广汉古遗址调查记》，《考古通讯》1958 年第 8 期；四川省博物馆：《四川新繁水观音遗址试掘简报》，《考古》1959 年第 8 期；王家祐：《记四川彭县竹瓦街出土的铜器》，《文物》1961 年第 11 期；四川省博物馆等：《四川彭县西周铜器窖藏》，《考古》1981 年第 6 期；冯汉骥：《四川彭县出土的铜器》，《文物》1980 年第 12 期。

[2] 段渝：《商代蜀国青铜雕像文化来源和功能之再探讨》，《四川大学学报》（哲学社会科学版）1991 年第 2 期。

等中国古史传说中的英雄人物都同古蜀有着深刻的关系①。在夏代，古文献记载"后桀伐岷山"②，考古资料也显示出三星堆古蜀文化与二里头文化具有某些关系，应与蜀、夏均为帝颛顼后裔的历史渊源关系有关③。在殷商时代，古蜀与商王朝的关系虽然罕见于历史文献，却较多见于殷墟甲骨文，考古资料也有不少根据可资佐证。

　　关于殷墟卜辞中蜀的地理位置，向有争议。唐兰考释甲骨文中的"巴方"和"蜀"，认为均在四川境（引者注：即今四川和重庆境）④。董作宾认为"约当今之陕南或四川境"⑤。岛邦男认为约在陕西东南商县、洛南附近⑥。郭沫若认为"乃殷西北之敌"⑦。胡厚宣认为在山东泰安南至汶上⑧。陈梦家先是认为约在殷之西北、西南，后又释蜀

---

① 参见《史记·五帝本纪》《华阳国志·蜀志》等史籍，并见"东汉熹平二年朐忍令景云碑"有关"术禹石纽、汶川之会"的记载。东汉熹平二年朐忍令景云碑现藏重庆中国三峡博物馆。参见段渝：《酋邦与国家起源：长江流域文明起源比较研究》附录《大禹传说的西部底层》，中华书局2007年版，第446—463页。

② 《古本竹书纪年》记载："后桀伐岷山，岷山女于桀二人，曰琬、曰琰。桀受二女，无子，刻其名于苕华之玉，苕是琬，华是琰。"屈原《天问》："桀伐蒙山，何所得焉？"蒙、岷一声之转。《韩非子·难四》："是以桀索崏山之女。"崏与岷通。《左传·昭公四年》："夏桀为仍之会，有缗叛之。"《昭公十一年》："桀克有缗以丧其国。"缗、岷音通。顾颉刚先生认为，夏桀所伐岷山当为有缗氏，地在汉山阳郡东缗（今山东金乡县），与蜀无关。但年湮代远，事属渺茫，以此盖棺定论，似嫌仓促。《管子·山权数》"汤以庄山之铜铸币"，庄山即汉严道（今四川荥经）铜山，《史记·佞幸列传》记载汉文帝"赐邓通严道铜山得自铸钱"，即指此。夏末商初成汤在严道采铜铸币固不足信，但与夏桀伐岷山之说一样，总是事出有因，有文献为据，且均将年代上推至夏末，也不能毫无根据，而成向壁虚构之言。参见段渝：《四川通史》第1册，四川大学出版社1993年版，第43页。

③ 段渝：《三星堆文化与夏文化》，《中国文物报》2000年8月2日学术版。

④ 唐兰：《天壤阁甲骨文存考释》，北平辅仁大学，第54页。

⑤ 董作宾：《殷代的羌与蜀》，《说文月刊》第3卷第7期，1942年。

⑥ 岛邦男：《殷墟卜辞研究》，（台北）鼎文书局1975年版，第378—383页。

⑦ 郭沫若：《卜辞通纂》，科学出版社1958年版，第119页。

⑧ 胡厚宣：《殷代之农业》，《甲骨学商史论丛》二集，上海书店1990年版。

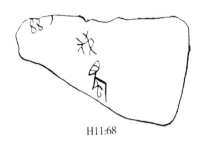

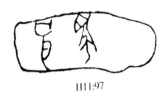

H11:97

H11:68

周原甲骨文中的"蜀"字

为旬,以旬在山西新绛西①。童书业则认为巴、蜀原本都是汉水上游之国,春秋战国时才南迁入川②。徐中舒在其享有盛誉的论文《殷周之际史迹之检讨》中,认为巴、蜀均南土之国,殷末周文王经营南国,巴蜀从此归附③。

　　确定殷墟卜辞中蜀的地望,关键在于确定卜辞中与蜀相关的一系列方国的地望。与蜀同在一辞的,有羌、缶等方国,羌为西羌,古今无异词。缶,卜辞中屡与"我方"发生关系。我方,据卜辞"乙未〔卜〕贞:立事于南,右比我,中比舆,左比𡉉(曾)"(《掇》2.62),地在舆、曾之西,均为南国。曾在汉水中上游,见于周成王时铜器《中甗》铭文。位于曾国之西的"我方",其地当在汉水上游附近,因此缶地亦当在汉水上游。缶,应即文

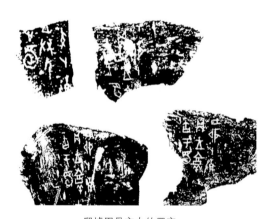

殷墟甲骨文中的蜀字

① 陈梦家:《商代地理小记》,《禹贡》第7卷第6、7期合刊;《殷墟卜辞综述》,中华书局1988年版,第295页。
② 童书业:《古巴国辨》,《文史杂志》1943年第2期。
③ 徐中舒:《殷周之际史迹之检讨》,《中研院历史语言研究所集刊》7本2分,1936年。

献中的褒。古无轻唇音，读褒为缶。褒即夏代褒姒之国，地在汉中盆地故褒城。殷墟卜辞记"伐缶与蜀"（《粹》1175），又记"缶眔蜀受年"（《乙》6423），显然两国地相毗邻。缶既在陕南，则蜀亦当在此，殆无疑义。

但陕南之蜀并非独立方国，它是成都平原蜀国的北疆重镇，是蜀地的一部分，故亦称蜀。蜀在早商时期就已日渐强大，三星堆巨大的古城即建筑于早商，足见当时蜀国实力之强。到商代中叶，古蜀王国已形成强盛国家，其时蜀国疆域甚广，北及汉中。汉中盆地近年所出商代晚期的青铜器群中[①]，蜀式三角形援无胡直内戈占全部兵器的84%以上，另有青铜人面具、兽面具、陶尖底罐等也是古蜀文化的产物，都是古蜀文化向北连续分布的结果，说明汉中曾是蜀境。当地出土的蜀戈之多，说明是蜀的北方军事重镇。可见，殷墟卜辞中的商蜀关系，实际上记载的就是双方在各自边境接壤地带所发生的一系列和战事件。

殷墟卜辞中所见商、蜀关系，有如下数辞：

  （1）囗寅卜，㱿贞，王 人正蜀　　　　　（《后》上9.7）

  （2）丁卯卜，㱿贞，王 缶于（与）蜀　　　（《粹》1175）

  （3）贞， 弗其戋羌、蜀　　　　　　　　　（《铁》105.3）

  （4）丁卯卜，共贞，至蜀，我又（有）事　　（《纂》547）

  （5）癸酉卜，我贞，至蜀无祸　　　　　　　（《乙》811）

  （6）癸巳卜，贞，旬在蜀　　　　　　　　　（《库》1110）

  （7）贞，蜀不其受年

       王占曰，蜀其受年　　　　　　　　　（《乙》6422）

  （8）缶眔蜀受年　　　　　　　　　　　　　（《乙》6423）

  （9）……𠫑蜀……　　　　　　　　　　　　（《乙》7194）

  （10）囗蜀御囗　　　　　　　　　　　　　　（《铁》1.30.6）

---

① 唐金裕等：《陕西省城固县出土殷商铜器整理简报》，《考古》1980年第3期。

郑州商城遗址

盘龙城遗址

（11）……蜀射三百   （《铁》2.3.8）

（12）庚申卜，母庚示蜀不用   （《南明》613）

以上十二辞可分五类。（1）至（3）辞是商王征蜀。（4）至（6）辞是商王（?）至蜀、在蜀。（7）至（10）辞是殷王卜蜀年、卜蜀祸。（11）辞是蜀向商王朝提供服役。（12）辞是商人用蜀人为祭祀牺牲。

从卜辞看，蜀与商王朝和战不定，是国际关系，而不是方国与共主的关系。第一类战争卜辞意义明确，无须深述。后四类则需要分析。

据陈梦家《殷虚卜辞综述》，凡卜辞中所见"才（在）某""至某"之例者，即作为殷商方国，对商王室有五种义务：卜其年则当有入贡其谷物的义务；参加商王室征伐多方的战役；入龟于王室；来其牛、马等；载王事[1]。通观上列卜辞，很难认为古蜀对商王朝有这些义务。

卜辞中虽有商王卜蜀年，但绝无蜀入谷于商的记载，应为商觊觎蜀年之辞。虽蜀有龟，且多良龟[2]，却绝无蜀入龟于商的记载。第（4）辞"至蜀"，应为"我方"至蜀，不是商王至蜀，故第（5）辞"我贞（'我方'提供的贞人）"，卜问是否至蜀无祸。第（9）辞"……壱蜀"，是诅咒蜀人之辞。第（10）辞蜀御，也并非如有的学者所说是蜀向商提供御手。御者祀也，为攘灾除祸之祭[3]。此辞残，全辞不明。第（11）辞亦残，无法确定是否为蜀向殷王室提供射手。第（12）辞是卜问是否用蜀人作为祭祀母庚的牺牲，证明了商王室捕捉蜀人为人牲的事实。除这些而外，卜辞中完全没有蜀入卫、来牛马、参加征伐多方的战役以及载王事等记载。

据《尚书·酒诰》，商王朝将其征服的方国均纳入"外服"体制："越在外服：侯、甸、男、卫邦伯"，邦伯即方伯，方国之长。"侯，为王斥侯也"。"甸，田也，治田入谷也"。"男，任也，任王事"。"卫服，为王

---

① 陈梦家：《殷虚卜辞综述》，中华书局1988年版，第316页。

② 参见《山海经·中次九经》，成都平原考古亦可充分证实。

③ 杨树达：《积微居甲文说》，上海古籍出版社1986年版，第30、31页。

捍卫也"①。按生产区域和地理方位②，如果蜀国被商王朝征服，纳入商王朝的外服体制，那么蜀的班次和职贡应当为男服，治田入谷，贡献于商王朝。但卜辞的记载却不能支持这种推测。并且，卜辞对蜀绝不称方。而卜辞所见之蜀，均在蜀之北疆重镇陕南地区，不是蜀的中央王朝所在地。可见蜀王不是殷代外服方伯，蜀国并没有成为商王朝的外服方国。

湖北天门石家河遗址出土玉人（左）；湖北武汉盘龙城遗址出土的青铜面具（中）；三星堆二号祭祀坑出土的青铜面具（右）

从对考古资料的分析中，我们可以得出同样结论。三星堆早期蜀国都城，总面积3.6平方公里，大于作为早商都城的偃师商城（总面积1.9平方公里）③，而与商代前期都城郑州商城的面积相比亦稍大（郑州商城总面积2平方公里以上）④。按照商王朝的内、外服制度和匠人营国之制⑤，王都必定大于方国之都，故卜辞屡称商都为"大邑商"。夏、商、西周时代方国都城遗址的面积，均远远小于夏、商、周王都。湖北黄陂盘龙城是方国都城，总面积仅7万平方米⑥。山西夏县东下冯方国城址，南垣约长400米，余三垣不清⑦，总面积甚小。可见，方国都城无

---

① 孔晁注：《逸周书·职方解》，《四部丛刊初编》本。

② 关于商代外服制的生产区域和地理方位等问题,载于徐中舒：《论西周是封建社会》，《历史研究》1957年第5期。

③ 黄石林，赵芝荃：《偃师商城的发现及其意义》，《光明日报》1984年4月4日。

④《郑州商代城址发掘报告》，《文物资料丛刊》第1辑，文物出版社1977年版。

⑤《尚书·酒诰》，《周礼·考工记》，《十三经注疏》本，中华书局1980年版。

⑥《盘龙城一九七四年度田野考古记要》，《文物》1976年第2期。

⑦《山西夏县东下冯遗址东区、中区发掘简报》，《考古》1980年第2期。

不小于王都，这是三代定制，不能逾越①。但蜀都不仅大于早商都城，也大于中商都城。如将蜀国纳入商代外服体制，显然是严重逾制，在当时根本无法想象。这种情形清楚地表明，蜀国都制与商王朝都制分属于两个不同的政权体系，二者在政治上平行发展，相互之间不存在权力大小的区别。由此不难看出，蜀国没有成为商王朝的外服方国，这与殷墟卜辞中绝不称蜀为方是恰相吻合的。

（二）商、蜀和战与资源贸易

商代中叶，古蜀三星堆文明走向极盛，与商文明平行发展，比肩而立。这种形势，从当时全中国范围内各大地域文化与商文明的力量对比来看，都是十分特殊的，在整个商代历史上也是极为罕见的。

盘龙城遗址出土的青铜尊　　　　江西新干大洋洲出土的神人像

商王朝经过数代苦心经营，到武丁在位时，"朝诸侯，有天下，犹运之掌也"②，对黄河流域中下游地区的统治，近乎取得绝对权力。但对长江流域则不然。在长江中游今湖北黄陂盘龙城，有商王朝的城邑，在遗址中出土159件殷商青铜器（二里岗期），器形分作29种，其中有大

---

① 参见《左传·隐公元年》，《十三经注疏》本，中华书局1980年版。
②《孟子·公孙丑上》，《十三经注疏》本，中华书局1980年版。

江西新干县大洋洲出土的虎耳方鼎

量钺、戈、矛等兵器①。在湖南宁乡曾出土数以百计的商代晚期青铜器，其中一些青铜器铸造极为精美，较之中原同时代器物，有过之而无不及，以至有学者认为是湖南就地铸造的，其青铜铸造技术已超过中原地区②。在江西新干大洋洲出土了四百多件青铜器③，虽然其中一些器物颇受商文明影响，但主要是地方风格，不能说是商文明的亚型，表明那里存在一支较强的地域文明。这种形势说明，商王朝在长江中游的政治扩张并不十分顺利，颇有阻力。至于长江上游和西南地区，情况则更为复杂。

长江上游、西南地区以蜀为泱泱大国，殷墟卜辞中已见有蜀的记载，是一个有实力、有影响的地域性政治实体和文明。陕南汉中地区的考古发现还证实，古蜀又是一支富于实战能力的强大军事力量。尤其广汉三星堆青铜文明的发现，更显示出古蜀王国具有鲜明个性的青铜文明特点，而它的青铜文明，在主体方面并不是商文明所能涵盖的。由三星堆极宏富、极辉煌的青铜文明，可知当时的蜀必然是一个拥有相当广阔地域的大国，也是一个握有相当丰富资源的大国。商中叶时，蜀的北境

汉中城固出土的青铜人像

①《盘龙城商代二里岗期的青铜器》，《文物》1976 年第 2 期。
② 夏湘蓉、李仲均、王根元：《中国古代矿业开发史》，地质出版社 1980 年版，第 203 页。
③ 彭适凡等：《江西新干大洋洲商墓发掘简报》，《文物》1991 年第 10 期。

在汉中，这已由汉中城固出土铜器群[1]所证实[2]。蜀的东境在长江三峡之东，这也由大量考古材料所证实[3]。而蜀的南方是广袤的南中之地，三星堆祭祀坑出土的数十尊西南夷青铜人头像，已表明南中是蜀的附庸[4]。因此，如果从地域广运的视角看，蜀拥有长江上游和上、中游之交，北至陕南、南至南中的广阔地域。虽然它的腹心之地只有成都平原一块，但由于根基深厚，基础广博宏阔，触角伸出很长，支撑点密集、深广而牢固，所以能够强大到极致，以至敢于起而与商王朝相抗衡。

铜戈（凉山州博物馆藏）

就资源而论。

农业资源方面，黄河中、下游主要是旱作农业区，商代是温暖气候，农产量应当不错。但商都殷墟积聚了巨量人口，需要消费巨量粮食，并且，商王室上下和朝内外大小官员又大量饮酒，"作长夜之饮"，"腥闻在上"[5]，也需消耗大量粮食原料，而商王朝都城殷墟所在地区是有名的沁阳田猎区，不可能提供巨量粮食满足其需要。所以商王经常为农业收成担忧，卜辞中常见"卜年"之辞，就意味着商王朝时感面临人口压力与粮食短缺矛盾所造成的严重威胁。

① 唐金裕等：《陕西省城固县出土殷商铜器整理简报》，《考古》1980 年第 3 期。
② 段渝：《论商代长江上游川西平原青铜文化与华北和世界古文明的关系》，《东南文化》1993 年第 2 期。
③ 段渝：《论早期巴文化——长江三峡的古蜀文化因素与"早期巴文化"》，载《巴渝文化》第 3 辑，西南师范大学出版社 1994 年版。
④ 段渝：《商代蜀国青铜雕像文化来源和功能之再探讨》，《四川大学学报》（哲学社会科学版）1991 年第 2 期。
⑤ 《尚书·酒诰》，《十三经注疏》本，中华书局 1980 年版。

古蜀王国的中心成都平原，是一个不算很大的冲积平原，现在面积充其量不超过9500平方公里，古代开发有限，并没有达到这个水平。假如仅凭成都平原的农业资源，是绝不可能造就出也不可能支撑起一个敢于同商王朝相抗衡的强大政治实体的。但是，蜀自三星堆二期即夏代以来，长期奉行沿江东进的政策，大力向东方扩张，占有川中、四川盆地东部之地，又东出三峡，据有夔、巫之地，其扩张冲击波一直推进到西陵峡以东的江陵荆南寺，前锋几乎快触及到江

四川盐源发现的四联星青铜杖首（凉山州博物馆藏）

汉平原。这些地区不是商王朝的统治区，甚至不是商王朝的争夺区，加之文明程度浅演，不能抗衡古蜀三星堆文明的强劲扩张之势，因而成为蜀国北疆汉中盆地和汉沔嘉陵江经济区的战略大后方。古蜀王国西南的南中广大地区也是古蜀的战略大后方，那里稻作农业相当发达，资源极其丰富，是商王朝的政治势力和军事力量不能触及之地，却长期为古蜀所控临。上述三个农业发展区域——成都平原经济区、汉沔嘉陵江经济区、南中经济区，共同支撑起了古蜀文明的基础。三星堆古蜀王国都城之所以有巨大的城圈、庞大的人口和复杂的政治宗教机构和辉煌的文明，就在于它植根于其所统治的广阔地域的富足农业资源之上。商代长江流域气候较之现代更为温暖，是稻作农业较理想的经营地区，收成相当丰厚，汉代寒冷期这里尚且能够"无冻饿之人"，"无凶年忧"①，商代更应如此，所以才会引起商王朝的觊觎。由此可见，长江上游、西南地区农业资源的富足，使古蜀能够供养大量非食物生产者，培育一个复杂的政治组织及其庞大的分级制体系，从而创造出灿烂的古代文明。

①《汉书·地理志》。

　　战略资源方面，尤其青铜原料方面，中原无锡，可开采的铜矿也少。商王朝的青铜原料究竟来自何方，学术界还没有取得一致意见。翦伯赞认为来自长江上游西南地区[①]，石璋如认为就在河南商王朝本土[②]，但均苦于没有确据而不能论定。近年以来安徽、江西发现了古铜矿，有证据表明商代已在那里进行开采。如此看来，商王朝的青铜原料，可能大多来源于长江流域。作为商王朝南土据点的湖北黄陂盘龙城[③]曾出土有孔雀石[④]，或许可以表明盘龙城的功能之一，就是扮演维护长江流域"金锡之道"的兵站的角色。殷墟5号墓的部分青铜原料，已经科学测试证实来源于云南[⑤]。这表明，除长江中游而外，商王朝青铜原料的另一个重要来源地是长江上游。

青铜戈（云南省曲靖市麒麟区文管所藏）

　　商王朝要获取长江上游云南地区的铜、锡、铅矿料，就非得首先跨越古蜀国不可，或者通过古蜀国，让古蜀起中介作用。不管采取哪种形式，总之在商王朝从云南获取青铜原料的过程中，不可避免地会与古蜀发生各种关系。

　　古蜀国青铜原料的来源，同样并不在成都平原古蜀的腹心地区。川西高原汉之严道（今四川荥经）地区，那里古有铜山，汉文帝"赐

① 翦伯赞：《中国史纲》第 1 卷，三联书店 1950 年版，第 207 页。
② 石璋如：《殷代的铸铜工艺》，《中研院历史语言研究所集刊》第 26 本，1955 年。
③ 江鸿：《盘龙城与商朝的南土》，《文物》1976 年第 2 期。
④ 中国古代冶金编写组：《中国古代冶金》，文物出版社 1978 年版，第 5 页。
⑤ 金正耀等：《广汉三星堆遗物坑青铜器的铅同位素比值研究》，《文物》1995 年第 2 期；中国科技大学科研处：《科研简报》第 6 期，1983 年 5 月 14 日。

"零关"摩崖石刻题记（位于越西县丁山乡丁堰村，题记刻在村子西面罗家山山脚古道旁的崖壁上。题记刻于清代，行书，竖写）

邓通严道铜山，得自铸钱，邓氏钱布天下"[1]，铜矿资源相当丰富。《管子·山权数》所称"汤以庄山之铜铸币"，庄、严同义，庄山之铜即指严道铜山。这意味着严道铜山是古蜀国青铜原料的产地之一。除此而外，川西高原的灵关（今四川芦山）、徙（今四川天全）、青衣（今四川雅安），以及南中北部川西南山地的邛都（今四川西昌）、朱提（今四川宜宾、云南昭通）等地，也是蜀国铜矿资源的来源地[2]。但是，以上产铜地区却并无产锡的记载，因此古蜀的大部分青铜原料必然来于其他地区。据科学测试，古蜀国青铜器的铅料来自云南[3]，而古蜀国青铜器同云南青铜器的合金成分又十分接近。由此看来，云南是古蜀国青铜原料的主要来源地之一。

商王朝和古蜀国都要在云南取得青铜原料，必然就会因此而发生关系。但对于这些关系，历史文献完全没有记载，只有上引《管子·山权数》记有"汤以庄山之铜铸币"一语，透露出商王朝在蜀地取铜的一丝信息。这条材料并非完全不可靠。商代有铜贝是考古学上的事实，不但中原发现过，山西发现过，而且三星堆祭祀坑也曾出

三星堆遗址出土的青铜贝

---

[1]《史记·佞幸列传》。

[2]《汉书·地理志》，《续汉书·郡国志》。

[3] 金正耀等：《广汉三星堆遗物坑青铜器的铅同位素比值研究》，《文物》1995年第2期。

土3枚。虽然说早商成汤时期商在古蜀取
铜不大可能，但如果说商中叶商王朝在
古蜀取铜却并非不可能。既然商中叶武
丁时可以在古蜀国以南的云南取铜，那又
为什么不可能在古蜀地取铜呢？问题其
实不在这里，而在商王朝以什么方式，通
过什么途径在蜀、滇取铜。这个问题的实
质，是要回答商、蜀关系的问题。

　　显然，蜀国因控制了南中而拥有富
足的铜、锡、铅资源，三星堆祭祀坑出土
西南夷形象的青铜人头像已充分证实南
中广大地区为古蜀所服，而三星堆青铜
原料多来于云南，这是不成问题的。而
在历年的云南考古中，都几乎没有发现
商文化的影响之迹，这就表明商王朝对

云南江川李家山古滇国墓地出土跪坐
于铜鼓之上的持伞铜男俑

云南的关系不是直接而是间接的。商王朝要获取云南的青铜原料，只能
通过古蜀国。从殷墟卜辞和汉中考古可以知道，商王朝并没有征服古蜀
国，古蜀国也不是商的臣属方国。在这种情况下，为了获取蜀国以南云
南地区的青铜原料，商王朝必须而且只能采用贸易方式，通过蜀为贸易
中介的途径来取得，甚至有可能直接与蜀进行贸易，从蜀人手中获取青
铜原料。这应当就是《管子》所说"汤以庄山之铜铸币"的本来面目。可
见，商、蜀之间的铜矿资源贸易，是形势使然。

　　从可能性上看，不论商还是蜀都有比较发达的贸易系统，而共同的
贸易中介物是海贝即贝币。这种贝币在商、蜀地域内都有大量发现，背
部磨平穿孔，以便串系，进行交易。贝币为商、蜀之间的铜矿资源贸易
提供了双方通用的等价商品，使双边贸易成为可能。殷墟卜辞中有"至
蜀""在蜀"的卜辞，也许就和铜矿贸易有关。

　　从商文化对蜀文化的影响来看，它主要体现在礼器上而不是兵器上。

这意味着商王朝的军事力量并没有能够深入蜀地，而是它的礼制深入到了蜀地，这是和平的文化交流的结果。如果联系到商、蜀双方的青铜原料贸易来看，商王朝礼制对蜀文化的影响应是随着贸易而来的，这正是文化交流的重要途径之一。

二里头遗址出土的玉牙璋（左）；三星堆一号祭祀坑出土的玉牙璋（中）；金沙遗址出土的玉牙璋（右）

以上分析表明，有商一代，商王朝始终未能征服古蜀国，也没有能够控制古蜀国以南南中地区的铜矿资源。由于商王朝缺乏青铜原料资源，而对于富产青铜原料资源的南中地区又鞭长莫及，所以只能仰给于控制了南中资源的蜀。因而，为了保证青铜原料来源渠道的畅通，商王朝必须容忍一个强大的古蜀国在它南边恣意发展——既然不能摧毁它，那就只能利用它。这也是三星堆文明得以雄踞西南的重要政治、经济原因之一。

（三）蜀与商的文化交流

固然，古蜀文明的诸要素，从总体上说来是独立产生的，是组成中华文明的若干个区域文明之一，并非中原文明的分支和亚型。然而由于历史、地理、民族、文化等各种因素，也由于未曾间断的和战关系，古蜀文明同中原文明之间却存在着相互影响和文化渗透，直至出现文化趋同以至文化交融，实属历史发展的必然。

三星堆遗址出土的青铜尊　　　　　　三星堆遗址出土的青铜罍

三星堆遗址出土的玉戈

三星堆遗址出土的青铜爬龙柱形器

红山龙

红山龙

就青铜器而论，虽然古蜀青铜文化自成一系，具有鲜明的个性和特征，但其中不仅可以见到中原青铜文化的明显影响，而且有许多礼器本身就直接仿制于中原青铜器。比如，三星堆青铜人头像双耳所饰云纹，青铜大面像鼻、额之间上伸的夔龙纹饰等等，都是中原青铜器常见的纹饰，而为古蜀所采借。又如，三星堆出土的青铜尊、罍和玉戈等青铜礼（容）器和玉锋刃器，也完全仿制于中原文化。再如，三星堆出土的高柄陶豆、陶盉，其形制同样渊源于中原文化。

三星堆出土的青铜爬龙柱形器上的龙，与华夏龙似是而非。它头顶有一对长而弯的犄角，又有一对小犄角，下颌长有胡须。其特征，除具有龙的造型特征外，又明显地像一只张口怒目的神羊，与红山文化猪龙和华夏龙迥然异趣。这些同中有异、异中有同的特点，表明这尊三星堆龙是以山羊为原型之一，综合采纳了华夏龙的形态特征，整体结合而成的龙，可谓之"蜀龙"。三星堆青铜大神树树干上的一条带翼的龙，可谓"飞龙"，虽然与红山和华夏龙均不带翼有异，但龙的形象来源于中原，则反映了飞龙入蜀的情况，同时也说明古蜀也是"龙的传人"之一，并对文化交流、融合和传播，起到了不可忽视的作用。

文化交流一般是在互动的状态下进行的，两种或两种以上文化的交流，总是表现为交互感应的关系。中原文化与周边各种文化的关系，就是这种交互感应、交互作用的关系，因此才逐渐形成中华文化的整体面貌和传统。中原文化与古蜀文化的关系也是如此，不能例外。

反映在考古学文化上，无胡式三角形援蜀式青铜戈和柳叶形剑，便是蜀文化赠与中原文化的礼品。蜀戈首先发源于蜀，年代在商代前期①。到了商代中后期，作为古蜀文化连续性分布空间和古蜀国北方屏障与商文化西南政治势力范围交接地带的陕南汉中，出现了这种无胡蜀戈。其后，到商代晚期，这种戈型又继续向北流布，以至今天在中原和殷墟续见出土。柳叶形剑的发源和流传也是这样，最早的柳叶形青铜剑，出土于成都十二桥（2件）、广汉三星堆（1件）。到殷末周初，陕南、甘肃等地才有这种剑型出现。它们反映了古蜀文化与中原文化之间互动的、交互感应的关系。

三星堆青铜神树上的带翼之龙

在古文字方面，在广汉三星堆遗址出土的一些陶器上，发现有刻划符号②，作✕、∧、Ɒ、ㄣ、囧、耗、◠等形。例如，在一件Ⅰ式小平底罐肩部，刻划有✕形符号。一件Ⅰ式高柄豆的圈足外壁，有一◠形符号。一件Ⅰ式小平底罐的肩部，有三枚成组、两组对称的囧形符号。在一件Ⅱ式陶盉的裆间，也各有一囧形符号。这些陶器上的刻划符号，显然不是偶然的刻划痕迹。同一种符号出现在不同的器物上，这一现象

---

① 杜迺松：《论巴蜀青铜器》，《江汉考古》1985 年第 3 期；林春：《巴蜀的青铜器与历史》，载李绍明、林向、徐南洲主编：《巴蜀历史·民族·考古·文化》，巴蜀书社 1993 年版，第 164—173 页。

② 《广汉三星堆遗址》，《考古学报》1987 年第 2 期。

蜀式柳叶形青铜剑

说明,这些符号及其含义已经固定化,约定俗成。其意义,正如大汶口陶器上的刻划符号一样,均代表着较早期的古文字。X符号可能具有计数的意义,∧符号亦然。这两种符号,均与西安半坡、临潼姜寨[1],以及二里头夏代遗址[2]和侯马东周遗址[3]所出土的陶器符号,有相同的意义。乑、凡两字意义不明。圇符号,原《报告》称为"贝纹"。从这个字的形体分析,确像贝形,显然是一个象形字,当释为"贝"。乑字的形体,像以一绳并列悬系两串贝之形,当释为"朋"。此字与甲骨文朋字的字形近似。联系到三星堆一、二号祭祀坑所出土的大多数海贝均有穿

重庆万州新田出土的巴蜀文字铭文青铜戈

孔的情况,释贝为圇,释乑为朋,当有根据。目符号,酷像人眼之形,外圈为眼眶,中间小圆为眼球,此字当释作"目"。此字与河南舞阳贾湖遗址所出龟腹甲上的目字字形相较[4],三星堆遗址的目字更突出两眼角罢了。

广汉三星堆二号祭祀坑内出土的一块牙璋的射部和柄部,两面各阴刻两组图案,每一组包括五幅图案,其第二幅图案的"两山中间,刻有一个凵形符号"[5]。这个符号不仅在年代上远远早于后来的巴蜀符号

① 王志俊:《关中地区仰韶文化刻划符号综述》,《考古与文物》1980 年第 3 期。

② 方酉生:《河南偃师二里头遗址发掘简报》,《考古》1965 年第 5 期。

③ 侯马市考古发掘委员会:《侯马牛村古城南东周遗址发掘简报》,《考古》1962 年第 2 期。

④ 冯沂:《河南省舞阳贾湖新石器时代遗址第二至六次发掘简报》,《文物》1989 年第 1 期。

⑤ 二陈:《广汉三星堆遗址二号祭祀坑发掘简报》,《文物》1989 年第 5 期,图三八、三九。

（春秋战国），而且在迄今所见的全部巴蜀符号中无从查找，它显然不是其中的一种。从这个符号的方块化、抽象化和线条化等特点来看，与春秋战国时期巴蜀青铜戈上的方块表意字有异曲同工之处，应当说是文字而不是纹饰或符号。从结构分析，此字大约是合体字，由《》和口两个独体字构成。口像器皿之形，《》像器中所盛物之形。此字在结构上已简化到看不出所像事物的程度，且以两个独体象形符号形成会意，与汉语古文字中"比类合宜，以见指㧑"[1]的会意字属于同一原理，与埃及古文字中会意字的构成原理亦同[2]。这个字的意义，由它所在牙璋图案中的位置可以看出，应与祭祀有关，有可能是祭名，但其具体意义和读音不详。

三星堆二号祭祀坑出土的玉璋图案线描图（局部）

在与广汉三星堆二号祭祀坑年代大致相当的成都十二桥商代木结构建筑遗址的第12层内出土的一件陶纺轮，腰部刻有卅、方两字[3]。这两个字与三星堆二号祭祀坑牙璋上文字一样，也是抽象化、线条化了的方块表意文字。此两字必非偶然的刻划符号，从字形结构分析，颇似汉语古文字中的指事字。其横笔、直笔和折笔是基本的象形结构，中间的小圆点"·"和两旁的小圆"··"则是其所指明的事物要点。估计这两个字的字义与城市布局和作坊所在地的关系有关，但尚不能确定。此类

---

① 《说文解字》卷15上《叙》，中华书局1963年版。

② A. Gardiner, *Egyptian Grammer*, Oxford, 1982.

③ 四川省文物管理委员会、四川省文物考古研究所、成都市博物馆：《成都十二桥商代建筑遗址第一期发掘简报》，《文物》1987年第12期，图三八、图四〇：4。

成都十二桥遗址出土陶纺轮上的文字

成都十二桥遗址出土陶纺轮上的文字

"象人为的事物之形"的构字方法具有普遍性。如汉语古文字中"井"字就作井中一个小圆点的形态，井像四周围栏之形，当中的小圆点"·"则指水井[1]。又如，甲骨文中"亦"是人的正面形象，在其腋下分别加上一个小点，两小点即示其两腋所在。可见，陶纺轮上两字确为文字无疑。因此，年代与之相仿并且属于同一文化系统的三星堆陶器上的刻划文字和牙璋上的文字，也是文字。

固然古蜀地区与中原"言语异声，文字异形"[2]，"蜀左言"[3]，古文字自有源流、自成体系，字体、结构、音读均与汉语古文字不同[4]。但是从广义上看，古蜀文字不论是方块表意字还是表形字，都确定无疑地属于象形文字系统，都肯定从具有形、音、义三要素的象形文字发展而来。这尽管和世界古文明初期任何一个古文字系统相同，然而由于古蜀文字从其起源挛乳时代直到战国秦汉时代，虽经历了上千年的发展演变，其基本结构却依然未变，保持着象形文字系统的鲜明特征——这又明显区别于苏美尔、埃及等文字系统，而与汉语古文字具有相当的共性。中原文字尽管也有分合重组的发展演变史，但是"即便是形声字，也还是要借用字形来表达其音，而不必另制音符，所以汉字完全属于象形文字

① 徐中舒：《古井杂谈》，《四川大学学报》（哲学社会科学版）1977 年第 3 期。
② 许慎：《说文解字·叙》，上海古籍出版社 1981 年版。
③ 扬雄：《蜀王本纪》，《全上古三代秦汉三国六朝文》本，中华书局 1958 年版。
④ 段渝：《巴蜀古文字的两系及其起源》，《考古与文物》1993 年第 1 期。

系统"①。古蜀方块表意字脱胎于象形字而存其风骨；古蜀符号中的声符也是从意符演变而来的，未另制音符。这正是古蜀文字与中原文字的共同基础所在。

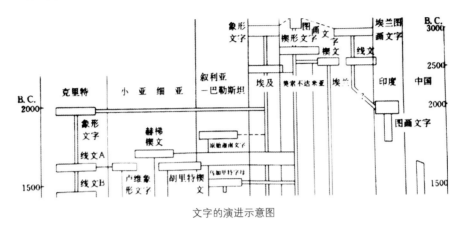

文字的演进示意图

李学勤先生指出，我国先秦古文字中，除汉字外唯一可以确定的，只有巴蜀文字②。徐中舒先生很早就曾指出，巴蜀文字与汉字在构成条例上具有一定的共同基础；而它们的分支，则当在殷商以前③。李复华、王家祐先生认为，巴蜀方块字可能就是夏代文字④。这些分析判断，不能说没有一定道理。正因为巴蜀文字同中原文字有一定的共同基础，而古蜀人与中原炎黄文化有着某种历史上的不可分割的关系，所以文化交流能够畅达，文化融合能够进行。也正因为如此，所以蜀中才有可能仅在统一于中原后不久，便很快涌现出一大批如司马相如、扬雄、王褒、严君平、犍为舍人等享誉中华的大文学家、大哲学家和大语言文字学家。

在早期城市方面，成都平原城市的起源模式、网络特点以至结构功能等方面，与中原城市区别甚大。尽管如此，古蜀城市起源、形成和

① 徐中舒：《汉语古文字字形表·序》，四川人民出版社 1981 年版。
② 李学勤：《论新都出土的蜀国青铜器》，《文物》1982 年第 1 期。
③ 徐中舒：《论巴蜀文化》，四川人民出版社 1981 年版，第 47 页。
④ 李复华、王家祐：《关于"巴蜀图语"的几点看法》，《贵州民族研究》1984 年第 4 期。

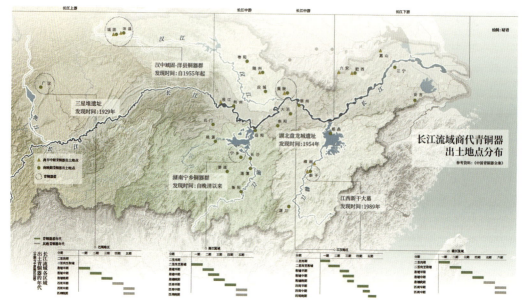

长江流域商代青铜器出土地点分布示意图（选自《三联生活周刊》2021 年 6 月 2 日）

发展的步伐，却与中原城市是大体一致的①。这显然是受到某种共同因
素的制约，但其中最主要的是黄河流域和长江流域政治、经济形势的
连锁演变，使城市在发展过程中出现若干趋同的促动因素，从而成为中
国古代城市演变的共同基础。

　　可以说，三星堆与商文明的关系，如同三星堆与夏文化的关系一
样，都是中华文明"多元一体"的重要体现。

三、三星堆与盘龙城

　　三星堆文化植根于长江上游成都平原，发育于新石器时代，兴起
于夏商时代，延续到春秋初叶。其空间分布范围，大致上北达汉中城固
一线，南及滇中，西连岷山，东至三峡，而其影响所及还要广阔得多，对
先秦以至秦汉时期四川盆地及周边的文明演进产生了深远影响。盘龙
城遗址兴起于长江中游江汉平原，对殷商时期的江汉平原乃至殷墟及
后来的长江中游文化都发生了广泛的影响力。可以说，三星堆与盘龙城

① 段渝：《巴蜀古代城市的起源、结构和网络体系》，《历史研究》1993 年第 1 期。

都对长江流域的文明化进程起到了重要的推动作用。这里仅对三星堆和盘龙城城市文明和政体架构以及文化关系进行概略比较，以期有助于长江流域文明化进程的深入研究。

（一）城市文明

三星堆古城面积3.6平方公里，周围遗址面积12平方公里。盘龙城遗址包括城址、大型建筑与墓葬等高等级遗存，盘龙城遗址范围1.1平方公里，城垣内面积7万多平方米①。三星堆文化时期的城市包括三星堆古城、成都市金沙遗址和十二桥遗址以及其他遗存，从城市史的视角看，三星堆文化无疑是典型的城市文明。就城市起源模式而言，三星堆城市聚合形成的主要因素是神权，成都则以王权和工商业为形成发展的主要因素。在商代古蜀王国的政治结构中，三星堆是蜀王之都，是古蜀王国的权力中心和首位城市，以金沙遗址和十二桥遗址为核心形成的早期成都，是三星堆古蜀王国的次级权力中心和次级城市，它们与古蜀分布在其他地点的不同层级，共同建构起商代古蜀文明权力系统和政治系统的空间构架、层级组织及早期城市体系，其核心为三星堆王都②。

盘龙城宫殿遗址复原展示图

① 张昌平、孙卓：《盘龙城聚落布局研究》，《考古学报》2017年第4期。
② 段渝：《巴蜀古代城市的起源、结构和网络体系》，《历史研究》1993年第1期。

盘龙城遗址

　　根据《盘龙城》发掘报告，盘龙城遗址年代范围大体上是从二里头文化晚期到殷墟文化第一期，绝对年代约当公元前16世纪至公元前13世纪①。盘龙城遗址是以城垣及宫殿区为核心，周边分布有墓葬、手工作坊以及普通居址等不同遗存的大型聚落②。盘龙城城垣大体呈方形，南、北城垣长约260米，东、西城垣宽近290米。学术界认为，盘龙城聚落经历了形成、繁盛和衰落三个阶段：第一阶段的中心聚落在王家嘴，第二阶段在王家嘴北面兴建夯土城垣，随后在城垣内形成宫殿区，第三阶段宫殿区被废弃，中心聚落转移到宫殿区以北杨家湾南坡③。在第一阶段，盘龙城初步形成为一个商文化据点。在第二阶段，盘龙城发展成为周边聚落如江陵荆南寺、黄梅意生寺等的统治中心。这一阶段兴建的城垣和宫殿，一方面是作为高于地区各聚落的统治中心界域的标志，另一方面则是出于防御和保护的需要，相当于一座政治军事堡垒。第三阶段盘龙城虽然在局部上仍有一些发展，但原有的一

① 湖北省文物考古研究所：《盘龙城：1963—1994年考古发掘报告》，文物出版社2001年版。
② 中国社会科学院考古研究所：《中国考古学·夏商卷》，中国社会科学出版社2003年版，第231—234页。
③ 张昌平、孙卓：《盘龙城聚落布局研究》，《考古学报》2017年第4期。

些聚落已被废弃，直至消亡。

三星堆古蜀国王都和成都城市（金沙、十二桥）的聚合形成模式，与盘龙城完全不同。三星堆城市聚合形成的核心因素是神权，而盘龙城的形成跟商文化南下获取长江流域的铜矿资源等战略物资直接相关，是商文化的直接进入，主要与经济领域的资源获取和政治领域的军事防御、保护有关。而古蜀由三星堆王都和成都城市（金沙、十二桥）构成的早期城市体系则完全不见于盘龙城。

三星堆文化的城市文明是由其庞大而复杂的层级组织架构所决定的，作为次级城市的金沙在商周之际发展成为首位城市，这是三星堆文化的演进和继续发展，所以三星堆城市文明非但没有消亡，相反却持续发展成为覆盖整个四川盆地的城市群。盘龙城则是一座单体城市，而且随其政治势力的消长而发生权力中心的变动，其表现形式即是中心聚落的几次转移，以至最终在殷墟一期以后消亡不存。

（二）政体架构

三星堆祭祀坑内出土的大批各式青铜人物雕像，它们的服式、冠式、发式各异，显示了不同族类的集合。它们所展示出来的图景是，以作为古蜀群巫之长的青铜大立人为中心，以作为西南各部族首领的青铜人头像为外围所形成的有中心、分层次的人物像群，用以象征古蜀王国以宗教掩盖政治，以文化代替暴力，使控制合法化的现实情况，展现出三星堆神权在跨地域政治社会中的强大统治[1]。

三星堆一、二号祭祀坑出土的青铜人物雕像有好几种形制，各式之间存在着服式、冠式和发式上的若干区别。服式上，有左衽长袍、对襟长袍、右衽长袖短衣、犊鼻裤等，各不相同。冠式上，有兽面（或花状齿形）高冠、平顶冠、双角盔形冠等区别。发式上，有椎髻、辫发、光头等区别。不论从人类学还是从中国古代文献对古代民族的识别标准来看，衣、冠、发式都是区分族别的最重要标志，此外还有语言、饮

---

[1] 段渝：《政治结构与文化模式：巴蜀古代文明研究》，学林出版社1999年版，第108—121页。

食等。三星堆文化的语言和饮食今已难以详考,但就其衣、冠、发式而言,一、二号祭祀坑出土的青铜人物雕像群明显地表现了不同族类的集合。证之史籍不难看出,这些族类包括氐、羌和西南夷诸族。

根据结构分析,这些雕像所代表的社会地位至少有两个层级。二号祭祀坑所出连座通高260厘米、与真人大小基本一样的头戴兽面高冠的青铜大立人像,衣襟前后均饰带翅龙纹,双手前伸围抱,做手握象牙状,可以肯定是群像之长、一代蜀王,即古蜀王国的最高政治领袖,同时又是主持宗教礼仪活动的神权领袖,即群巫之长、一代大巫师。第二个层级是各式人头雕像,其间看不出有明显的高低贵贱之分,它们共置一处,无主次之别,意味着地位基本没有差别。各坑人像与礼器共存的情况,表现出众多族类举行共同祭祀礼仪活动的情景。这个青铜雕像群结构的核心,便是青铜大立人①。同一时期三星堆文化的空间分布,除三星堆遗址及其周边区域而外,从考古文化上显示出来的还有成都金沙和十二桥遗址商代文化层、羊子山土台、指挥街遗址、新繁水观音遗址、雅安沙溪遗址、汉源和石棉商代遗址和遗存、汉中城固青铜器群、渝东鄂西成片分布的三星堆文化因素,以及《华阳国

盘龙城遗址出土的青铜鼎、青铜爵

---

① 段渝:《商代蜀国青铜雕像文化来源和功能之再探讨》,《四川大学学报》(哲学社会科学版)1991年第2期。

盘龙城遗址出土的青铜鼎　　　　　　　　　盘龙城遗址出土的青铜罍

志·蜀志》所记载的岷江上游的蜀文化等一大片连续性空间,它们不论在文化面貌还是文化内涵上都同属于三星堆文化,它们与三星堆文化的关系,是三星堆文化结构框架中各个层面和各个支撑点同文化中心的关系。

盘龙城的层级组织结构,目前在考古资料上还不能说是完全清楚的。盘龙城的权力中心在不同时期有所转移,第一阶段出现高等级建筑和青铜兵器,第二阶段既有高等级权贵的精美青铜器、城址、宫殿,也有一般性居民的聚落遗存,第三阶段同样有高等级遗存、高级权贵的青铜器和一般性居民的聚落遗存。但目前资料似乎还没有显示出在盘龙城遗址内曾经存在过统治集团内部的不同层级,而在遗址内的高等级文化遗存之间也还看不出有大的等级差异。不过,从长江中游商文化的分布看,盘龙城作为商王朝在长江中游的统治中心,其规格高于分布在周边的其他商文化聚落。以此看来,长江中游的商文化聚落群在政治上应有两个层级,第一个层级是作为地区高级统治中心的盘龙城,第二个层级是盘龙城周边的商文化聚落,它们在盘龙城高级中心的统率下,一道构成商王朝南土的统治体系。

三星堆文化主要是在自身新时期文化高度发达的基础上,主要吸收了中原商文化的因素,同时也吸收了长江中下游的相关文化因素,从而形成的高度发展的古代文明。盘龙城则不同,盘龙城本身就是中原

盘龙城遗址出土的青铜兽面具

二里头、二里岗文化南下的产物，盘龙城兴建的目的不在于占领该地[①]，而是把该地作为掠取铜矿资源和其他资源的中转站或者说是资源集散地。因此，盘龙城与三星堆在城市性质和功能上是完全不同的。

三星堆和盘龙城都出土了大量青铜器，三星堆青铜器主要出土于祭祀坑，盘龙城青铜器主要出土于墓葬。其间区别主要在于，三星堆古蜀王国是彻头彻尾的神权王国，青铜器大量用于祭祀；而盘龙城出土的青铜器大量的属于礼器，只有少量与宗教相关的器物，如绿松石黄金龙、青铜面具等，表明了二者政体性质的差别。

（三）文化关系

江水上下，一苇可航。无论从历史文献还是考古资料看，长江上游文化与长江中游文化一直有着较为密切的关系。

在巫峡以东的西陵峡长江干流两岸，甚至远达江汉平原的西边，夏商时代分布着若干属于三星堆文化的遗存，出土了许多三星堆文化的遗

湖北天门肖家屋脊遗址出土的石家河文化玉人（左）；三星堆二号祭祀坑出土的金面青铜人头像（右）

①施劲松：《江汉平原出土的商时期青铜器》，《江汉考古》2016 年第 1 期。

物，它们是古蜀文明从成都平原沿江东下，东出三峡，连续分布的结果，也是三星堆文化分布空间的极东界限之所在。西陵峡两岸的三星堆文化集结，表现在文化形态上，是三星堆文化所特有的夹砂灰陶系，陶器有圜底罐、小平底罐、尖底杯、尖底钵、长柄豆、陶盉、豆形器、鸟头柄勺等器物组合群。表现在数量上，几乎占据了西陵峡地区夏商时期文化遗存一、二期的主要物质遗存地位。其分布范围，上接巫峡地区的三星堆文化遗存，下达江汉平原西部的江陵荆南寺。这些文化遗存，均具有与三星堆文化相近的发展演变进程。湖北省考古学界普遍认为，这种文化无论与鄂东以盘龙城为代表的中原文化相比，还是与鄂西以沙市周梁玉桥为代表的江汉土著文化相比，都迥然有异，明显地是受到了以三星堆遗址为代表的早期蜀文化的影响①。

三星堆古蜀王国的东部边缘，是在渝东鄂西之际，即长江三峡的夔门、巫山之间②。考古学上，在成都平原到川中丘陵、渝东平行岭谷，再东出三峡直到鄂西宜昌地区的长江干流两

长江三峡是古蜀与中原往来的主要途径

岸，从二里头时期开始直到商周之际，三星堆文化因素已经在这片广阔地域内形成空间连续分布状态。渝东鄂西的大多数三星堆文化遗存，

---

① 王劲：《对江汉流域商周时期文化的几点认识》，《江汉考古》1983 年第 4 期；杨权喜：《略论古代的巴》，《四川文物》1991 年第 1 期；郭德维《蜀楚关系新探》，《考古与文物》1991 年第 1 期。

② 徐中舒：《论巴蜀文化》，四川人民出版社 1982 年版，第 99 页。

都属于一般性居址或地点，在鄂西出土了标志古蜀王国鱼凫王权统治的鸟头柄，有可能是古蜀王国镇抚其东界的官员驻节之地。

在二里头文化（相当于夏代后期）前后，渝东鄂西之际的社会和文化进化速度较为缓慢，程度较为浅显，土著文化都是新石器文化，总体上尚未进入文明阶段。在这个时候，已经达到高度发展的古蜀文明向渝东连续分布，进行扩张，其势有如破竹，不可阻挡，在当地难以遭遇强大的军事抵抗，所以基本上未见军事壁垒一类考古遗迹。在这种情形下，文化接触和交流的环境比较有利于蜀，因此古蜀文化的东部边缘，就主要发挥了其文化交流的功能，商文化的若干因素，就是经由长江走廊，源源不断地从长江中游传播到长江上游成都平原的三星堆古蜀王国。

商代的青铜龙虎尊（左，安徽阜阳阜南县出土）；三星堆出土的的青铜龙虎尊（右，三星堆一号祭祀坑出土）

例如，三星堆青铜器吸收了通过长江中游传入的青铜器的某些因素，尤其是青铜容器。青铜容器不论在商文化还是盘龙城，都是作为礼器使用的，亦即所谓宴享之器，青铜鼎、尊、罍等重器不但作为煮肉和盛酒的器物在庙堂使用，而且还是政治权力和宗教权力的象征物。三星堆文化的青铜容器尊、罍，在形制上与长江中游同类器物有不少相似之处，如青铜尊的高圈足、肩上的立鸟以及器身的纹饰等，显然是从长江中游传入，而三星堆出土的一件龙虎尊，与长江下游安徽阜南出土的龙虎尊相似，也应是通过长江中游获取的。不过，三星堆文化并不是把青铜尊、罍用作盛酒之器，而是用以盛放物件尤其是贵重之物，功能完全不同。如三星堆出土的青铜尊内就盛放着海贝，而不是酒液。意味着三星堆文化没有接受商文化的礼制理念，而仅仅借用了器物的形制。在政治权力和宗教权力的象征性上，三星堆文化与"藏礼于器"这种中原文化的理念和行为，是完全不同的。三星堆文化中至今未发现任何形式的鼎，也表明了其权力象征物与盘龙城商文化之间的区别。

文明没有优劣，只有发展模式和发展方向的不同，以及发展程度和发展水平的差异。三星堆文化作为地域性特征十分明显的文明，其独特的文明发展模式、发展水平、政体架构以及规模等，均与商文化体系中的盘龙城有着显著的差异，这种差异主要来源于二者不同的文化系统。虽然如此，不论三星堆文化还是盘龙城，都在中华文明的大框架内共同对推进长江流域文明的演进起到了十分重要的作用。

E. R. 塞维斯（Elman. R. Service）在《文化的演进》（*Cultural Evolution:Thoery in Practice*）中，从文化人类学角度提出文化演进的"种系发生进化的非连续性原则"和"进化的地域非连续性原则"[①]，商代长江中游和长江上游青铜文明的相继兴起，即表现出同样情形。在商代早中期，作为商文化在长江中游的重要分支，盘龙城堪称其时长江流域最辉煌的青铜文明，对长江中游早期文明的形成和文明化进程起着引领作用，带动了地区文明的演进。殷墟一期以后，随着盘龙城的消亡，长江中游的文明进程变得迟缓，而三星堆青铜文明则于这个时期在长江上游勃然兴起，成为商代中晚期长江流域最灿烂的古代文明。

---

① E. R. 塞维斯：《文化进化论》，黄宝玮等译，华夏出版社 1991 年版，第 33—34 页。

第六章

三星堆：商代中国黄金制品的南北系统

不论在古代文献还是考古学上，迄今还没有中国新石器时代的黄金制品被发现。考古学上中国早期的黄金制品出现在青铜时代，目前所见资料中最早的一例，要数1976年在甘肃玉门市火烧

玉门火烧沟齐家文化遗址出土的金耳环

沟遗址的墓葬中出土的黄金制品，有黄金制作的"鼻饮"和齐头合缝的金耳环，与彩陶、石器、青铜器和银器共存，其年代大致与夏代同时，相当于齐家文化的后期[①]。除此而外，在中国其他地区尚未发现夏代的黄金制品。

玉门火烧沟齐家文化遗址出土的金耳环（距今约4000—3800年，现藏于甘肃省文物考古研究所。两只耳环均为椭圆形，周长约89厘米）

① 甘肃省博物馆：《甘肃省文物考古工作三十年》，《文物考古工作三十年（1949—1979）》，文物出版社1979年版，第142、143、151页。

甘肃齐家文化遗址出土的单耳泥质红陶壶

中国早期的黄金制品较多地出现于商代。从地域上划分,商代的黄金制品,在中原和北方地区主要发现于北京、河北、河南、山东、辽宁和山西,在南方则集中发现于四川。这些出土的黄金制品,不论从它们的形制、数量或制作方法上,还是从它们的功能体系上看,都存在南北之间的系统区别,从而反映了商代南方系统和北方系统不同的价值取向、价值观念以及其他一些问题。

一、商代黄金制品的北方诸系统

这里所说的南方和北方,是指地理学上以秦岭和淮河划线所区分的南方和北方。

中国北方地区现已发现的商代黄金制品主要如下:

1. 河南郑州商城

在郑州商城发掘中,在商城东北角内侧的祭祀坑内,出土一团极薄的金箔片,展开之后是一件夔龙纹金叶饰片[①]。

2. 河南安阳殷墟

1931年至1932年殷墟第四、五、六次发掘,出土黄金块2块及小片金叶[②],黄金块出土于E16坑内,黄金叶出土位置不详。在安阳后冈的商墓中还发现少量黄金制品,如后冈大墓内发现黄金叶[③],后冈M47二层

---

① 河南省博物馆、郑州市博物馆:《郑州商代城遗址发掘报告》,《文物资料丛刊》(一),文物出版社1977年版,第42页。

② 李济:《安阳最近发掘报告及六次工作之总估计》,《李济考古学论文选集》,文物出版社1990年版,第275、282页。

③ 石璋如:《河南安阳后冈的殷墓》,《中研院历史语言研究所集刊》第13本,1948年。

郑州商城遗址分布示意图

河南安阳殷墟小屯宫殿遗址地形全貌

台上也发现黄金叶①。在安阳侯家庄甲种I式大型墓HPKM1001的盗坑填土中发现有黄金残片②。新中国建立以前共在小屯发掘出金叶24片,最薄仅0.5毫米③。

1953年在安阳大司空村171号墓出土金箔1件,厚仅0.01毫米④。

此外,在安阳殷墟曾发现一块重一两的金块,尚未进行制作,大概是天然金初经熔化而自然凝结者⑤。

3. 河南辉县琉璃阁

在河南辉县琉璃阁141号商墓内出土金叶片,共重50克⑥。

4. 河北藁城台西

20世纪70年代在河北藁城台西村商代中期墓葬M14内发现金箔片,金箔片上压印有云雷纹,厚度不到1毫米⑦。

5. 山东益都苏埠屯

在山东益都苏埠屯商墓内,出土金箔14片,均极薄而均匀⑧。

6. 北京平谷刘家河

1977年在北京平谷刘家河发现了一座商代中期墓葬,墓内出土一批黄金制品⑨,计有:金臂钏2件,形制相同,系用直径0.3厘米的金条制成。两端作扇面形,相对成环,环直径12.5厘米。一件重93.7克,另一件重79.8克。

---

① 邹衡:《商周考古》,文物出版社 1979 年版,第 101 页。
② 邹衡:《商周考古》,第 98 页。
③《小屯》丙编《殷墟墓葬》。
④ 中国科学院考古研究所:《一九五三年安阳大司空村发掘报告》,《考古学报》第 9 册,1955 年;参考《中国冶金简史》,科学出版社 1978 年版,第 34 页。
⑤ 郭宝钧:《中国青铜时代》,三联书店 1963 年版,第 48 页。
⑥ 中国科学院考古研究所:《辉县发掘报告》,科学出版社 1956 年版。
⑦ 河北省文物管理处台西工作队:《河北藁城台西村商代遗址发掘简报》,《文物》1979 年第 6 期;河北省文物考古研究所:《藁城台西商代遗址》,文物出版社 1985 年版,第 136 页。
⑧ 山东省博物馆:《山东益都苏埠屯第一号奴隶殉葬墓》,《文物》1979 年第 8 期。
⑨ 北京市文物管理处:《北京市平谷县发现商代墓葬》,《文物》1977 年第 11 期。

北京平谷刘家河商墓出土的金臂钏

北京平谷刘家河商墓出土的金耳坠

北京平谷刘家河商墓出土的金笄

金耳坠1件，一端作喇叭形，宽2.2厘米，另一端作尖锥形，弯曲成直径1.5厘米的环形钩状，重6.8克。

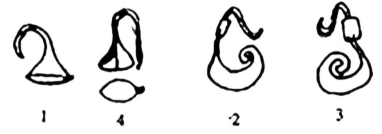

耳饰　1.平谷刘家河（金）　2.石楼后兰家沟（金）　3.永和下辛角村（金）　4.唐山小官庄（铜）

金笄一件，长27.7、头宽2.9、尾宽0.9厘米，截断面呈钝三角形，重108.7克。此外，还出土金箔残片，残存2×1厘米，无纹饰。

7. 北京昌平雪山村

1961年在北京昌平雪山村的一座墓葬中，发现一副黄金耳环[①]，一

_____

[①] 邹衡：《商周考古》，文物出版社 1979 年版，第 130、135 页；鲁琪、葛英会：《北京市出土文物展览巡礼》，《文物》1979 年第 4 期。

端作喇叭状,另一端作O形。

8. 河北卢龙东阚各庄

1972年在河北卢龙东阚各庄商代晚期墓葬中出土与饕餮纹鼎、乳丁纹簋共存的金臂钏,两端接头处作扇面形[①]。

9. 辽宁喀左和尚沟

1979年在辽宁喀左和尚沟墓地M1内出土2件金臂钏,两端作扇面形[②],年代约为商末。

10. 山西石楼后兰家沟、永和下辛角村、吕梁石楼镇桃花庄

山西石楼出土的殷墟式黄金耳饰

在山西石楼后兰家沟[③]、永和下辛角村[④]分别发现了与殷墟式青铜器共存的黄金耳饰5件,耳饰柄端作横S形,垂端作卷云形,柄的中部穿绿色珠。

另在吕梁县石楼镇桃花庄墓内人骨腿骨处和头骨处发现金片,还出土上有绿松石的金片8片(可能是耳环)[⑤]。

11. 山西保德林遮峪

在山西保德县林遮峪发现了与殷墟式青铜器共存的弓形金饰2件[⑥],素面,两尖端各一穿孔,一件高11.1、宽26、厚0.5厘米,一件高

① 河北省博物馆文管处:《河北省出土文物选集》,1980 年。
② 郭大顺:《试论魏营子类型》,《考古学文化论集》(一),文物出版社 1987 年版,第 85 页。
③ 郭勇:《石楼后兰家沟发现商周铜器简报》,《文物》1962 年第 4—5 期。
④ 石楼县文化馆:《山西永和发现殷代铜器》,《考古》1977 年第 5 期。
⑤ 谢青山、杨绍舜:《山西吕梁县石楼镇又发现铜器》,《文物》1960 年第 7 期。
⑥ 吴振录:《保德县新发现的殷代青铜器》,《文物》1972 年第 4 期。

山西保德林遮峪出土的黄金弓形饰　　　　　山西保德林遮峪出土的黄金弓形饰（局部）

13、宽29.1、厚0.5厘米，另有金丝6根。

　　从以上我国北方地区商代黄金制品的出土情况，可以看出它们具有两个明显的共性：第一，它们都出土于墓葬（殷墟金块除外）；第二，它们都是作为装饰品（人体装饰物或器具饰件）来使用的（金块除外）。从墓葬的角度上看，尽管对于山西保德、石楼、永和等处出土点的墓地情况，目前还了解得很少，但包括青铜器和黄金饰物均属墓葬的随葬品，则是可以肯定的[1]，而其他地点出土的黄金制品都确凿无疑地出于墓葬。从装饰品的角度上看，安阳后冈M47出土的黄金叶，是与绿松石、蚌片等一道组成的圆形饰物，显然是装饰在木器或其他易朽器物上的遗痕[2]。至于藁城台西M14出土的金箔片，原来也是漆盒上的饰件，这从出土的漆盒尚见痕迹便一望可知[3]。金叶和金箔片虽然在用途上并不与其他地点所出作为人体装饰物的金臂钏、金耳环、金笄、弓形金饰（弓形胸饰）等相同，但从作为装饰品这个意义上说，它们则是共同的、一致的。

　　然而，由于地域、民族和文化区系的不同，商代北方地区的黄金制品又存在着一些明显的差别。

　　金箔见于藁城台西、平谷刘家河和山东苏埠屯商墓，郑州商城、殷

①　中国社会科学院考古研究所：《新中国的考古发现和研究》，文物出版社1984年版，第241页；林沄：《商文化青铜器与北方地区青铜器关系之再研究》，《考古学文化论集》（一），文物出版社1987年版，第130页。
②　邹衡：《商周考古》，文物出版社1979年版，第101页。
③　河北省文物考古研究所：《藁城台西商代遗址》，文物出版社1985年版，第148页。

墟、辉县琉璃阁等地出土的金叶其实也属金箔一类,不过切割成叶形而已。殷墟出土的金块,大概是供进一步加工捶制成金箔的材料。除此而外,北方其他地区尚未发现商代金箔。藁城台西就其文化面貌看,与商文化很少差别,应属商文化的亚区。平谷刘家河就其青铜器看,更接近于安阳殷墟早期墓葬中所出的同类器形[①],应为附属于商王朝的方国遗存。平谷刘家河位于燕山南麓,在商、周二代均属所谓"北土"。《左传·昭公九年》记载詹桓伯说"及武王克商……肃慎、燕、亳,吾北土也",大概刘家河出土的青铜器和黄金制品,就是商代燕(北燕)的文化遗存。由此看来,北方的金箔均出于商文化区和与之密切相关的方国,其他文化区域则未见,这似乎意味着殷人和殷商文化有制作金箔的习俗,而北方其他文化则没有这种传统。

出土金臂钏的北京平谷刘家河,与辽宁喀左和尚沟在文化面貌上差别很大。喀左和尚沟墓地属于燕山以北、长城以外介于夏家店下层文化与夏家店上层文化之间的魏营子类型[②],年代为商末周初,晚于刘家河墓葬。而在夏家店下层文化中,除和尚沟墓地出土两端作扇面形的金臂钏外,其他地点迄未发现,也没有发现同类别的青铜或其他质料的臂钏。这种情况表明,燕山以北大小凌河流域魏营子类型的金臂钏,是由燕山南麓平谷刘家河传播而至的。关于这一点,如果联系到1961年在宁城南山根属于夏家店上层文化的石棺墓M101内发现的金臂钏来看,将会更加清楚。

南山根M101内出土的金臂钏,两端也作扇面形[③],其形制与刘家河和和尚沟所出大体相同,所不同的仅在南山根M101金钏的两端是相

---

① 中国社会科学院考古研究所:《新中国的考古发现和研究》,文物出版社 1984 年版,第 240 页。

② 郭大顺:《试论魏营子类型》,《考古学文化论集》(一),文物出版社 1987 年版,第 79—98 页。

③ 中国科学院考古研究所内蒙古工作队:《宁城南山根发掘报告》,《考古学报》1975 年第 1 期。

甘肃、内蒙古、北京和新疆等地早期青铜文化墓葬出土的喇叭形金耳环或青铜仿制品

对接的，而刘家河和和尚沟金钏则不合缝对接。不过由此却可以很清楚地看出，夏家店上层文化的金臂钏显然是从魏营子类型演变而来。可见，不论在地域传递关系、形制演变关系还是时代早晚关系上，都可以说明两端扇面形金臂钏从燕山南麓向燕山以北、长城以外发展的事实，而不是相反。至于燕山以南河北卢龙东阚各庄出土的金臂钏，从其形制与刘家河所出相同，以及年代晚于刘家河等情况分析，可以认为是刘家河金臂钏向其东南方向邻近方国发展的结果。

金耳饰根据其形制可在地域和文化上分为两个系统，一个系统是燕山以南、长城以内的夏家店下层文化的喇叭形金耳饰，另一个系统是太行山以西黄河东岸的商代方国文化的穿珠式金耳饰，两个系统的金耳饰在形制上完全不同。

黄河东岸山西石楼、永和等地出土的穿珠式金耳饰，均与殷墟式青铜器同出，表明它们是太行山以西黄河东岸的商王朝方国的文化遗存，可能与商代的"鬼方"有关[1]。古文献多见"鬼方"和"伐鬼方"的

---

[1] 山西省文物工作委员会：《建国以来山西省考古和文物保护工作的成果》，《文物考古工作三十年（1949—1979）》，文物出版社1979年版，第58页。

陕西淳化黑豆嘴商周墓葬出土的卷云形金耳坠饰　　河北临漳磨沟出土的齐家文化金耳环

记载，《周易·既济》九三说"高宗伐鬼方，三年克之"，《周易·未济》
九四以及《后汉书·西羌传》引《竹书纪年》等记载略同。高宗是殷王武
丁庙号，武丁时殷王朝西伐至太行山以西地区，使商文化扩张到黄河东
岸，"邦畿千里，维民所止，肇域彼四海"①，这一史实与该区多次发现
殷墟式青铜器的现象恰相一致，是很能说明问题的。不过，山西黄河东
岸出土的穿珠式金耳饰，却绝不见于商文化和商代其他文化，表明是该
区方国文化有特色的地方产物。有学者认为山西黄河东岸各地与金耳
饰同出的一些青铜器具有斯基泰文化（Scythian Culture）的特征。可
是斯基泰文化的形成年代，一般认为仅能追溯到公元前7世纪②，远远
晚于殷墟文化的年代，可见此说完全不能成立，而穿珠式金耳饰也与斯
基泰文化完全没有关系。

　　至于燕山南麓、长城以内的北京平谷刘家河和昌平雪山村出土的
喇叭形金耳饰，两者形制相同，应属同一系统。考虑到喇叭形青铜耳饰
是燕山以南夏家店下层文化的典型饰物，在河北大厂大坨头③、天津蓟

---

①《诗经·商颂·玄鸟》。

② 莫润先：《斯基泰文化》，《中国大百科全书·考古学》，中国大百科全书出版社
　 1986年版，第482、483页。

③ 天津市文化局考古发掘队：《河北大厂回族自治县大坨头遗址试掘简报》，《考古》
　 1966年第1期。

州张家园[①]、围坊[②]、北京昌平雪山[③]、房山琉璃河刘李店[④]、河北唐山大城山[⑤]、小官庄[⑥]等地均有发现，因而燕山南麓所出与此相类的喇叭形金耳饰就完全有可能脱胎于夏家店下层文化的喇叭形青铜耳饰。虽然这两种耳饰在形制上也存在一点差异，金耳饰的柄部作O形、青铜耳饰的柄部作倒U形，但这种差异所体现的是同一文化中同类制品的早晚变化关系，而不是异质文化之间的关系。正如张忠培等先生所分析的那样，较早的喇叭形耳饰的柄呈倒U形，较晚的出现了O形柄，而形制与青铜耳饰相同的金质耳饰，出现在较晚的阶段[⑦]。所以，喇叭形金耳饰应为夏家店下层文化的产物，平谷刘家河出土的这种金耳饰，应来源于夏家店下层文化。这种情况表明，喇叭形金耳饰这种文化因素的流动方向，恰与上文所论两端扇面形金臂钏的流动方向相反，不是从刘家河墓葬流向夏家店下层文化，而是从夏家店下层文化流向刘家河墓

北京平谷刘家河商墓出土的金耳坠　　北京平谷刘家河遗址出土的商早期金臂钏

① 天津市文物管理处：《天津蓟县张家园遗址试掘简报》，《文物资料丛刊》第1辑，文物出版社1977年版。

② 天津市文物管理处考古队：《天津蓟县围坊遗址发掘报告》，《考古》1983年第10期。

③ 鲁琪、葛英会：《北京市出土文物展览巡礼》，《文物》1979年第4期。

④ 北京市文物管理处、中国科学院考古研究所、房山县文教局琉璃河考古工作队：《北京琉璃河夏家店下层文化墓葬》，《考古》1976年第1期。

⑤ 河北省文物管理委员会：《河北唐山市大城山遗址发掘报告》，《考古学报》1959年第3期。

⑥ 安志敏：《唐山石棺墓及其相关的遗物》，《考古学报》第7册，1954年。

⑦ 张忠培、孔哲生、张文军、陈雍：《夏家店下层文化研究》，《考古学文化论集》（一），文物出版社1987年版，第68页。

葬,诚可谓相反相成。

至于出土于太行山以西黄河东岸山西保德的弓形金饰,则在商代的黄金制品中独树一帜,其他地区均未发现这类制品,迄今尚无可以进行比较研究的材料。大概如同分布于与之相距不远的穿珠式金耳饰一样,弓形金饰同样也是该区方国文化有特色的地方产物。

从以上的分析讨论中可以初步总结出商代黄金制品北方诸系统的几个特点:

第一,中原商文化区的金箔系统,其分布空间大体上在燕山以南的华北平原范围内,并向东伸展到山东半岛西部边缘。

第二,燕山南麓、长城以内平谷刘家河的两端扇面形金臂钏系统。这个系统有着向燕山以北、长城以外做历时性辐射的发展趋势。

第三,燕山南麓夏家店下层文化的喇叭形金耳饰系统。这个系统与同一文化类型的青铜喇叭形耳饰具有发展演变的密切关系。

第四,太行山以西黄河东岸的穿珠式金耳饰和弓形金饰系统。这个系统既没有东跨太行,也没有西越黄河,而是自成一系,与其他系统之间不存在交流传播关系。

北京平谷刘家河商墓出土的金笄

总的说来,商代北方地区的黄金制品主要分布在黄河以东的华北平原及其北侧和西侧,而以西侧尤其北侧的燕山南麓为发达,制作较精,水平甚高。不过,诸系都存在数量不丰、种类不多、形体较小等特点。与同一时期的青铜器相比,北方诸系统的黄金制品明显地处于较低的发展水平,地位也远在青铜器之下。

二、三星堆：商代黄金制品的南方系统

迄今为止的考古资料表明，商代南方的黄金制品集中分布在西南地区的四川广汉三星堆遗址和成都市金沙遗址。

广汉位于横断山纵谷东侧的成都平原中部，水网密布，生态良好。1986年夏，在广汉三星堆遗址相继发现两个祭祀坑，出土大批青铜、黄金、玉石制品以及大量象牙和海贝[1]。其中的各种黄金制品多达数十件，一号坑计出4件，二号坑计出61件，另有金箔残片残屑等191.29克，还有4件粘贴于青铜人头像上的金面罩[2]，可谓全国当时已发现的商代遗址中出土黄金制品最为丰富的，其数量超过北方诸系统出土量的总和。三星堆黄金制品的年代，可以根据祭祀坑青铜器的年代予以确定。三星堆祭祀坑的年代，一号坑的下埋年代相当于殷墟一期，其中青铜器的年代在二里岗上层一、二期与殷墟一期偏早阶段之间，二号坑的下埋年代约在殷墟三、四期之间，其中青铜器的年代均在殷墟二期的年代以内[3]。因此，与两个祭祀坑内青铜器密不可分的黄金制品的年代，可以分别确定为商代中期和商代晚期。2019年至2021年5月，三星堆新发掘的祭祀坑内，又出土包括金面罩、金带、金叶等大量金器，因报告尚未发表，暂不论列。

三星堆一号祭祀坑里发掘出土的金杖

① 四川省文物管理委员会等：《广汉三星堆遗址一号祭祀坑发掘简报》，《文物》1987年第10期；四川省文物管理委员会等：《广汉三星堆遗址二号祭祀坑发掘简报》，《文物》1989年第5期。
② 四川省文物考古研究所：《三星堆祭祀坑》，文物出版社1999年版。
③ 陈德安：《三星堆遗址的发现与研究》，《中华文化论坛》1998年第2期。

金沙遗址位于成都市区西部，从2001年2月发掘至2002年中，共出土金器200余件，器类主要有人面罩、射鱼纹带、四鸟绕日饰、鸟首鱼纹带、喇叭形器、盒形器、球拍形器、鱼形器以及大量器物残片等，其年代约为晚商到西周[①]。金沙遗址所出金器，有些与三星堆所出极似，可归于三星堆文化系统，另有一些则不见于三星堆文化。

三星堆出土的各种黄金制品，根据发掘报告[②]，主要有如下种类：

1. 金杖

1件，用纯金皮包卷木芯而成，长143、直径2.3厘米，重463克。杖的上端有一段46厘米长的平雕图案，分为三组，用双勾法雕刻出鱼、鸟、人头、羽箭等图案。

三星堆出土的金杖（局部）

2. 金面罩

7件，均用纯金皮模压而成，双眉，双眼镂空，鼻部凸起。其中4件分别粘贴在青铜人头像面部，3件当为从青铜人头像面部脱落者。这3件脱落的金面罩与青铜人头像面部大小相似，一件残宽21.5、高11.3厘米，重19.62克；一件残为两半，一耳残缺，宽23.2、高9.6厘米，重29.36克；另一件残损过甚，仅残面部的一侧，残宽19.3、高12.2厘米。

3. 金果枝

二号坑出土的三号小神树，果柄有数处用金箔包卷。从这种现象

① 成都市文物考古研究所、北京大学考古文博学院：《金沙淘珍——成都市金沙村遗址出土文物》，文物出版社2002年版。

② 四川省文物考古研究所：《三星堆祭祀坑》，文物出版社1999年版。以下引此，不再一一注明。

三星堆出土的戴金面罩青铜人头像

三星堆出土的戴金面罩人头像

三星堆出土的金面罩

三星堆出土的三号神树

分析，果枝原本均有金箔包卷，是典型的金枝。

4．璋形金箔饰

14件，分A、B两型，A型2件，B型12件，共重10.15克。

璋形金箔饰

5．虎形金箔饰

1件，通身模压目形斑纹，高6.7、长11.6厘米，重7.27克。

6．鱼形金箔饰

19件，分大号和小号两种，大号5件，小号14件，共重44.81克。

7．金箔带饰

有宽、窄两种，宽带饰残为6片，重10.82克；窄带饰有两种共13件，共重37.58克。

三星堆一号祭祀坑出土的虎形金箔饰

三星堆出土的鱼形金箔饰

8. 圆形金箔饰

6件，大小相同，直径2.1厘米，圆心处有一小圆穿，共重4.37克。

9. 四叉形器

1件，宽6.9、高9.4厘米，重6.02克。

三星堆二号祭祀坑出土的金箔四叉形器　　　三星堆二号祭祀坑出土的金叶、金璋

10. 金箔残片

5件，形制不规整，共重14.20克。

11. 金箔残屑

56片，重14.90克。

12. 金料块

1块，长11.9、宽4.4、厚0.2—0.5厘米，重170.44克。

金沙遗址出土的金器主要有如下种类[①]：

1.太阳神鸟金箔

直径12.5厘米、厚0.02厘米，重20克。

太阳神鸟金箔饰及线描图

2.鱼纹金带

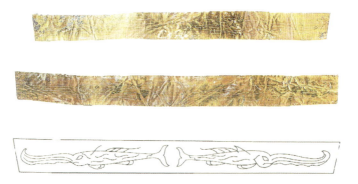

金沙遗址出土的射鱼纹金带及线图

<hr>

① 成都市文物考古研究所编著：《金沙——21世纪中国考古新发现》，五洲传播出版
社2005年版。

2件，一件长21.6、宽2.03、厚0.02厘米；一件长21.9、宽2.03、厚0.02厘米。共重11克。

3.金面具

2件，2001年出土的一件高3.7、宽4.9、厚0.01—0.04厘米，重5克。2007年出土的一件高19.9、宽11厘米。

金沙遗址出土的黄金面罩　　　　　　金沙遗址出土的黄金面罩

4.金冠带

直径19.9、宽2.8、厚0.02厘米，重44克。

金沙遗址出土的金冠带

金沙遗址出土的金冠带　　　　金沙遗址出土的金冠带线描图

5.蛙形金箔饰

2件，一件长6.9、宽6.2、厚0.1克，重4克。一件长7、宽6、厚0.16厘米，重3克。

6.喇叭形金器

直径11.6、高4.8、厚0.02厘米，重51克。

金沙遗址出土的蛙形金箔饰及线描图

金沙遗址出土的喇叭形金器

金沙遗址出土的三角形金器

7.三角形金器

长25、最宽7.2、厚0.02厘米，重48克。

8.鱼形金箔饰

长4.9、宽1.1、厚0.02厘米，重量不足1克。

9.盒形金器

高3.1、长径9.4、短径3、厚0.03厘米，重50克。

10.几字形金器

高18.3、宽1、厚0.05厘米，重12克。

以上仅是2019年10月启动三星堆新一轮考古发掘以前的情况。在三星堆新一轮发掘中，又出土大量金器，包括鸟形金饰、金树叶、金带、大量金箔、金面具残片等，尤其是出土一件宽28、高23厘米的大型金面具，金器的出土数量远大于1986年的数量。由于发掘还在进行，报告尚未发表，此处暂不论列。

金沙遗址出土的金盒

金沙遗址出土的鱼形金饰 　　　　　　金沙遗址出土的几字形金器

　　从三星堆文化黄金制品的形制、出土情况尤其它们与大型青铜制品群密不可分的关系等情况，很容易看出它们具有几个明显的特点：第一，数量多。三星堆祭祀坑出土达到近百件（片），金沙遗址出土超过200件，在商代中国首屈一指。第二，形体大。尤以金杖、金面罩为商代中国黄金制品之最。第三，种类丰富。为北方系统各系所不及。第四，均出土于祭祀坑或祭祀区，而非出于墓葬。第五，大多数金器与实用器或墓葬装饰用品无关，而与大型宗教礼仪、祭典和祭祀仪式所用祭祀用器有关，或与王权（政治权力）、神权（宗教权力）和财富垄断权（经济权力）的象征系统有关[1]。

　　三星堆文化黄金制品中最重要的种类是金杖和金面罩。这两种制品的文化形式在商代中国的其他任何文化区都没有发现，即令在除三星堆遗址和金沙外的整个古蜀文化区也是绝无仅有。这种情况应当特别引起我们的重视。此外，数尊金面青铜人头像和数十尊青铜人头像、立人像、

① 段渝：《商代蜀国青铜雕像文化来源和功能之再探讨》，《四川大学学报》（哲学社会科学版）1991 年第 2 期。

三星堆出土的牙璋

跪坐人像、顶尊人像、鸟足人像、神坛、神殿以及各种青铜面具、神树、眼
形饰等，也与金杖、金面罩相同，都是为商代中国包括古蜀文化区所仅见。
根据笔者对金杖、金面罩的起源、形制、功能体系、象征系统和艺术风格
等方面所做的比较研究，三星堆文化的金杖、金面罩等文化形式，很有可
能是通过古代印度地区和中亚的途径，从古代的西南夷道、蜀身毒道、滇
缅道，经云南、缅甸、印度、巴基斯坦、阿富汗等地区，采借吸收了西亚近
东文明的类似文化因素，而由古代蜀人按照自身的文化传统加以改造创新
而成的，它们反映了商代中国西南与南亚、中亚和西亚古代文化之间的交
流关系①。

关于三星堆文化的黄金制品，还有一些问题需要提出讨论，这
里仅扼要讨论金面罩与青铜人头像的关系，以及耳饰、腕饰、脚镯等
问题。

据发掘报告，三星堆一号祭祀坑出土金面罩1件，二号祭祀坑出土

---

① 段渝：《巴蜀是华夏文化的又一个起源地》，《社会科学报》1989 年 10 月 19 日；《古
蜀文明富于世界性特征》，《社会科学报》1990 年 3 月 15 日；《商代蜀国青铜雕像
文化来源和功能之再探讨》，《四川大学学报》(哲学社会科学版)1991 年第 2 期；
《论商代长江上游川西平原青铜文化与华北和世界古文明的关系》，《东南文化》
1993 年第 2 期；《支那名称起源之再研究——论支那名称本源于蜀之成都》，载《中
国西南的古代交通与文化》，四川大学出版社 1994 年版。

金面罩2件，另在二号祭祀坑出土的4尊青铜人头像面部覆盖（粘贴）有金面罩。学术界普遍认为，这几件金面罩原来应是粘贴在青铜人头像面部之上的。有学者进一步认为，三星堆青铜人头像的脸庞原来都可能覆有金面罩，只是大部分已损毁[①]。这个问题还可以进一步深入探讨。从出土的3件金面罩本身，目前还无从分辨出它们各自原来粘贴在哪种型式的青铜人头像脸部，所以还无法判定是否每一型式、每一尊青铜人头像脸部，原来都被覆以金面罩。

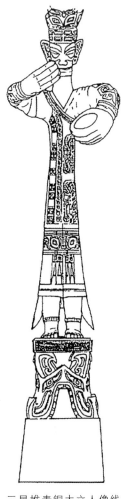

三星堆青铜大立人像线描图

　　从二号祭祀坑出土的4尊戴有金面罩的青铜人头像分析，可以分作A、B、C三型（发掘报告分作A、B两型，每型各2尊），A型2尊，B、C两型各1尊。A型为戴金面罩青铜圆头型人头像。B型为戴金面罩青铜长脸型人头像。C型为戴金面罩青铜长方脸型人头像，面像与青铜大立人像相同，而与B型有别。这三型戴金面罩青铜人头像，在与各自型式相同但未戴金面罩的青铜人头像中都只占有很小甚至极小比例。如C型头像共有37尊，但戴金面罩者只有1尊。至于除此三型以外的其他各型青铜人头像，则均未发现戴金面罩的痕迹。这是否意味着只有这三型青铜人头像当中的某几尊才覆有金面罩，而其他则否呢？或是由于人头像的制作有早晚之别，而其粘贴金面罩的习俗因时而异了呢？这个问题目前还没有可供进一步分析研究的材料，只能存疑不论，留待来者。

　　三星堆黄金面罩在两耳垂部留有穿孔，戴金面罩青铜人头像以及

① 林向：《三星堆青铜艺术的人物造型研究》，《中华文化论坛》2000 年第 3 期。

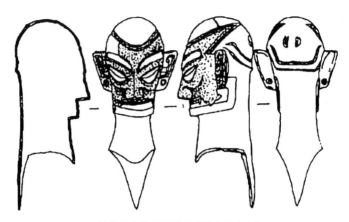

三星堆出土的金面罩圆头型青铜人头像

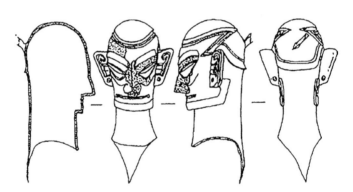

三星堆出土的金面罩圆头型青铜人头像

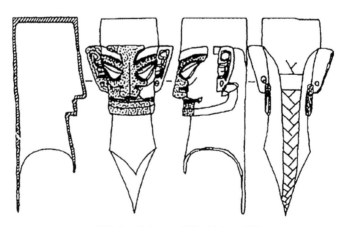

三星堆出土的金面罩长脸型青铜人头像

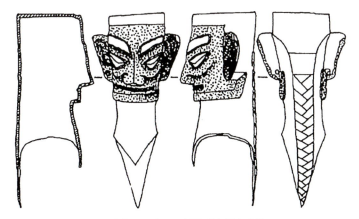

三星堆出土的金面罩长脸型青铜人头像

三星堆出土的金杖

其他各种青铜人头像、人面像和立人像，都在两耳垂留有穿孔，显然是作为佩戴耳饰之用的，但耳饰的实物迄无发现。不过，从三星堆金杖平雕图案中的人头像和玉石边璋阴刻图案中的人像上，可以知道三星堆文化至少有两种耳饰形制：一种是铃形耳饰（金杖、玉石边璋），铃身有两道弦纹；另一种是双环形（或套环形）耳饰（玉石边璋）。由于这几种人像、人头像均为写实之作，所以它们佩戴的两种耳饰原也应

三星堆出土的青铜大立像的腕饰

三星堆出土的玉石边璋图案

有实物存在，惜已损毁无存，自然也就无从知道原物是用黄金还是青铜或是其他金属材料制成的。

从形状上看，三星堆铃形耳饰和双环形耳饰，均不同于燕山南麓夏家店下层文化的喇叭形耳饰和长城以外北方草原的双环叠压形耳饰，也绝不同于太行山以西黄河东岸的穿珠式耳饰，而是自身发展起来的一个系统。

三星堆的腕饰和脚镯见于青铜大立人像，双手腕各戴腕饰3个，素面无纹饰，双脚踝处各戴方格形脚镯一个。由于不是原物，所以无从获知腕饰和脚镯的原物是用什么材料制成的。不过，青铜立人像的腕饰较粗，显然与刘家河臂钏不同系；而青铜立人像的脚镯，则在北方诸系统中绝未见到。由此可以知道，三星堆的腕饰和脚镯，也是与北方诸系统没有关系的。

以上分析讨论说明，与北方诸系统相比较，不论从种类、形制还是从功能、象征意义上看，三星堆文化的黄金制品都是自成一系的，完全看不到有受北方诸系统影响的任何迹象。这一结论，将有助于从一个重要侧面阐明中华文明大框架中三星堆文化与商文化平行发展的历史事实。

三、南北系统的技术异同

从技术特点上看，商代中国黄金制品的北方诸系统与南方系统之间有不少共同点，但也有若干差异。

黄金多以自然金，即生金的形态存在[①]。中国古代将金矿分为砂金

---

① R. F. Tyiecote, *A History of Metallurgy*, 1976.

和山金两种类型，砂金有"水沙中"淘洗的砂金和"平地掘井"开采的砂金两种；山金则有残积、坡积砂金矿床、古砂金矿床和脉金三种。早期的采金技术，一般都是"沙里淘金"[①]，也有学者认为应是利用地表的天然金块[②]。不管哪一种采金方法，都必须将自然金先行熔化或熔合，此后才能制器或进一步施以各种加工。自然金不可能不经熔炼，那种认为用铅杆将金砂锤成颗块是没有根据的[③]。这表明，商

三星堆出土的青铜大立人像的脚饰

代中国黄金制品的南北系统，都是在掌握了黄金开采技术和自然金熔炼技术以后兴起的。

　　从黄金的熔炼方面看，黄金的熔点为1063℃，比纯铜的熔点1083℃稍低，而比青铜的熔点要高。商代已是青铜时代的高级发展阶段，它是在掌握了纯铜冶炼术的基础上发展而来的。在二里头遗址三区发现的一件铜锛[④]，含铜98%，几乎接近纯铜[⑤]。在郑州二里岗铸铜遗址和同一时期的湖北盘龙城铸铜遗址，均发现了炼铜原料铜矿石或孔雀石（氧化矿物）[⑥]，在湖南石门皂市相当于从二里岗到晚商的遗址内还发

① 北京钢铁学院《中国古代冶金》编写组：《中国古代冶金》，文物出版社1978年版，第95页；夏湘蓉、李仲均、王根元：《中国古代矿业开发史》，地质出版社1980年版，第298、302—304页。

② R. F. Tyiecote, *A History of Metallurgy*, 1976.

③ 华觉民：《中国古代金属技术——铜和铁造就的文明》，大象出版社1999年版，第450、451页。

④ 中国科学院考古研究所二里头工作队：《河南偃师二里头遗址三一八区发掘简报》，《考古》1975年4期。

⑤ 中国社会科学院考古研究所：《新中国的考古发展和研究》，文物出版社1984年版，第324页。

⑥ 廖新民：《郑州发现的一处商代居民与铸造铜器遗址简介》，《文物》1957年第6期；湖北省博物馆：《盘龙城商代二里岗期的青铜器》，《文物》1976年第2期。

三星堆新出土的黄金鸟

现过不少铜块①，殷墟发掘中也常常发现孔雀石，其中最重的一块达18.8公斤②。在广汉三星堆祭祀坑中，曾出土大量翻模铸范用的泥芯（内范）及青铜熔渣结核，遗址内还出土大量厚胎夹砂坩埚③，证明当地曾有大型青铜器铸造中心，并意味着三星堆文化已达到首先炼出金属铜、锡，再将金属铜、锡同炉而冶的青铜时代高级阶段④，表明早已掌握了纯铜冶炼技术，为黄金熔炼准备了温度和技术条件。因此，商代中国南北系统均已掌握了黄金熔炼技术，这是毫无疑问的。安阳殷墟和广汉三星堆均出土了金块，均是将自然金熔化后铸成块状的，确凿无疑地表明了这一事实。

由此还可以看出，中国早期黄金制品的制作，是在进入青铜时代以后，而不是以前。

在黄金制品的最早阶段，一般是直接将砂金在坩埚中熔化后铸成小件饰物，经过相当的发展后，才有可能进一步发展出捶制技术。这一点，已为玉门火烧沟夏代黄金"鼻饮"、耳环均非捶制品的情况所证实。平谷刘家河出土的金笄，从器表及断面观察，似为铸件⑤。同出的两件臂钏系用0.3厘米的金条制成。与金笄相比，有可能金臂钏是先将砂金熔化铸成金条后，将两端捶成扇面形，然后弯曲而成的。同出的金箔残片，则表明已掌握了捶制技术。昌平雪山村和平谷刘家河出土的喇叭形金耳饰亦当为铸件，其制作方法当与夏家店下层文化出土的同形青铜

① 高至喜、熊传新：《湖南商周考古的新发现》，《光明日报》1979年1月24日。

② 刘屿霞：《殷代冶铜术之研究》，《安阳发掘报告》第4期，1933年。

③ 陈显丹：《论广汉三星堆遗址的性质》，《四川文物》1988年第4期。

④ 段渝：《四川通史》第1册，四川大学出版社1993年版，第105页。

⑤ 北京市文物管理处：《北京市平谷县发现商代墓葬》，《文物》1977年第11期。

耳饰相同。喀左和尚沟出土的两端扇面形金臂钏，其制作方法应同于刘家河，先铸造而后施以捶打。至于安阳殷墟和藁城台西发现的金叶和金箔，则均为捶打后切片而成的，台西金箔还出现了模压云雷纹的技术，在工艺上比上几例均更成熟一些。可见，北方诸系统在技术上都已超过了黄金制品的初期阶段，但发展不平衡，燕山南北以范铸为主，商文化及

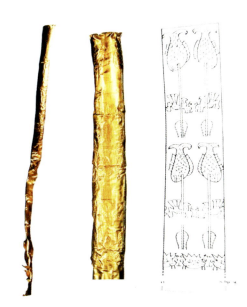

三星堆出土的金杖及图案线描图

其亚区以先范铸后捶制为主。显然，商文化的发展水平更高。

　　与北方诸系统相比，南方系统三星堆文化的黄金制品在技术和加工工艺发展上显得水平更高一些，制作也更为精湛。比如金杖，根据其长度和直径计算，其金皮的展开面积为1026平方厘米。如此之大的金皮，又捶制得如此平整、伸展，在那个时代实属罕见，说明三星堆文化时期蜀人对黄金良好的延性和展性等物理性能已有了充分认识。除捶制外，三星堆黄金制品还较多地运用了包卷、粘贴、模压、雕刻、镂空等深加工工艺和技术。再从金杖表面的平整度和光洁度分析，当时可能还运用了表面砑光工艺。它们无疑是中国古代黄金加工工艺和技术充分发展的科学结晶。

　　三星堆文化黄金制品的制作技术和加工工艺，有一些是商代北方系统所没有的。如雕刻、镂空、包金等技术，在北方系统的黄金制品中还没有发现。北方系统中包金的最早实例，目前所见资料似为河南浚县辛村西周早期卫墓所出矛柄和车衡端的包金以及兽面饰包金和铜

泡①。这种情况似可说明，商代北方系统的黄金制品在技术和工艺水平上逊色于南方系统的三星堆文化。这与北方系统尤其商文化高度发达的青铜器制作技术和工艺形成了强烈的反差。而这种差异，很大程度上是由黄金制品在南北系统中的功能差异所决定的。

四、南北系统的功能差异

从南北系统各自出土的黄金制品看，它们在功能上的差异也是一目了然的。

在北方诸系统中，燕山南麓和长城以外北方草原地区的两端扇面形金臂钏系统、喇叭形金耳饰系统，以及太行山以西黄河东岸的穿珠式金耳饰和弓形金饰（疑为弓形胸饰）系统，其黄金制品的唯一功能在于人体装饰。考虑到这些黄金制品多半从相同种类的青铜制品脱胎而来，因此可以基本论定，它们是作为那些相同种类青铜制品的艺术补充被加以看待、加以使用的。当然，从另一个角度上看，也可以认为它们是相同种类青铜艺术的新发展。但不管怎样，它们的功能是人体装饰，属于生活用品，所反映的是审美观念，而不是意识形态观念。不过，从

北京平谷刘家河商代墓葬出土的黄金饰件

① 郭宝钧：《浚县辛村》，科学出版社 1964 年版，第 61 页。

价值观上看，由于黄金制品的出土量普遍少于相同种类的青铜制品，而且年代也较之为晚，因而就有可能反映了这几个系统已把黄金视为稀世之珍那样一种新的价值取向。

安阳殷墟和藁城台西属于金箔系统。在这个系统中，黄金制品虽是新出之物，但不论其作用还是地位，都远在青铜制品之下。殷墟和台西的金箔均出土于墓葬，从出土位置看，这些金箔均是充作墓内木器或漆器上所附饰件之用的，既不在墓的中心位置，更无法与墓内形制丰富、制作精良而洋洋大观的各式青铜制品相比。而且，台西墓地中出土金箔的M14，其墓主属于

殷墟妇好墓出土的玉人

中下层统治者阶级，其身份是"巫医"[①]；相反，在大型墓内却无黄金制品出土，这也证明黄金制品的地位远在青铜制品之下。

事实上，殷商文化区出土黄金制品的数量是十分稀少的，绝大多数商墓内都没有黄金制品出土，就连生前地位十分显赫的殷王武丁之妻妇好的墓内，也没有发现黄金制品，而在殷王室的文字档案甲骨文中，也全然没有关于贡纳、掠夺或使用黄金的片言只字记载。这种现象，无疑意味着商文化对于黄金持一种比较冷漠的态度，其价值取向并不倾向于黄金，而是倾向于富于传统的青铜。

与北方诸系统形成鲜明对照的是，黄金制品在南方系统三星堆文化中据有极高、极优越的地位，其地位甚至超乎青铜制品之上。关于这

---

① 河北省文物研究所：《藁城台西商代遗址》，文物出版社1985年版，第146—149页。

后（司）母戊大方鼎

一点，可以从对金杖、金面罩功能的分析中获得足够清楚的认识①。在三星堆文化这个神权政体中，金杖是国家权力的象征物，代表着实际的政治权力，是集神权（意识形态权力）、王权（政治权力）和财权（经济垄断权力）为一体的最高权力的象征。而在商文化中，象征国家最高权力的是用青铜制成的"九鼎"。在三星堆文化中，即使是用青铜制成的各级统治者即所谓"群巫"的头像，也要在面孔上覆以金面罩来显示其高贵和尊崇。而在商文化中，黄金只配充作木器一类的附属饰件。由此不难看出两者之间重要的系统差异。十分明显，商文化和三星堆文化对于青铜与黄金的不同价值取向，恰恰是两个不同文化系统的不同价值观念的反映。

最后需要指出，商文化与三星堆文化之间的上述差异，并不表示两者文明发展水平的高低，只是反映了两者价值取向的不同。在"国之

---

① 段渝：《商代蜀国青铜雕像文化来源和功能之再探讨》，《四川大学学报》（哲学社会科学版）1991年第2期；《论商代长江上游川西平原青铜文化与华北和世界古文明的关系》，《东南文化》1993年第2期；《政治结构与文化模式——巴蜀古代文明研究》，学林出版社1999年版，第83—141页。

大事，在祀与戎”的时代①，人们赋予黄金和青铜不同的文化内涵和价值，是完全可以理解的，尤其不同文化之间所存在的这种差异，当更无足怪。因此，商代南北系统黄金制品的功能差异，其实质是价值取向和价值观念的差异，是由系统间不同的价值取向和价值观念所决定的。

五、金杖与九鼎

古蜀王国用金杖标志至高无上的统治权力，这同中原夏、商、周三代的最高权力标志物是全然不同的。

根据古文献记载，夏、商、周三代王朝都用“九鼎”象征政权，在历史上形成了一脉相承的文化传统。关于此点，《左传·宣公三年》有一段记载说得颇为详细：

三星堆遗址出土的贴金青铜面具

昔夏之方有德也，远方图物，贡金九牧，铸鼎象物，百物而为之备，使民知神、奸。故民入川泽、山林，不逢不若。螭魅罔两，莫能逢之。用能协于上下，以承天休。桀有昏德，鼎迁于商，载祀六百。商纣暴虐，鼎迁于周。德之休明，虽小，重也。其奸回昏乱，虽大，轻也。天祚明德，有所厎止。成王定鼎于郏鄏，卜世三十，卜年七百，天所命也。周德虽衰，天命未改。鼎之轻重，未可问也。

在先秦两汉为数众多的古文献里，涉及九鼎的材料十分丰富。所有史料都表明，中原三代王朝都把九鼎作为国家权力的最高象征，称之为“神

---

①《左传·成公十三年》。

商代的三足鼎

商代的三足腹鼎

商代的人面方鼎

商代的青铜鼎

商代的饕餮纹鬲

商代的青铜簋

商代的青铜甗

西周时的大克鼎

西周时期的刖刑奴隶守门青铜鬲   商代的青铜爵

鼎"①"宝鼎"②，无一例外。

九鼎的来历，古史传说为"禹收九牧之金，铸九鼎"③，"禹贡金九牧，铸鼎于荆山下，各象九州之物"④。可以看出，原来是为控制天下的自然资源和社会财富，将各地的重要资源和财富制成图像，铸于鼎上，以此作为垄断资源、征收贡赋的依据，所以说是"远方图物，贡金九牧，铸鼎象物，百物而为之备"。由于垄断了基本资源和财富，垄断者必然具有最高统治者的资格和权威，而铸有天下资源和财富图像的九鼎，也就成为了权力和财富的最高象征物。

古代文献说明，夏、商、周三代每一次王朝代兴，九鼎便随之易手，"夏后氏失之，殷人受之；殷人失之，周人受之"⑤，而秦图王业，也要首先"据九鼎，案图籍"⑥。可见，九鼎的转移，实质上是权力与财富的

①《汉书·郊祀志》。
②《史记·封禅书》。
③《史记·封禅书》。
④《史记·秦本纪》张守节《正义》。
⑤《墨子·耕柱》。
⑥《战国策·秦策一》。

再分配所带来的政权转移。史书记载周武王伐纣，"乃命南宫百达、史佚迁九鼎三巫"①；春秋时代楚庄王"观兵周疆"，"问鼎之大小轻重"②，都是对九鼎性质的极好说明。

三星堆出土的青铜尊

商、周考古中，发现中原王朝的确有形制众多的青铜鼎，并且形成了基本与礼书相符合的鼎、簋相配的用鼎制度，证实了九鼎"是王朝正统性的象征，它们表示着实际的政治权力"③。

中原王朝用杖的记载始于周代。《礼记》和《吕氏春秋》中曾讲到用杖的事，称为"几杖"，是由王朝授予七十岁以上大夫致仕（退休）者。《续汉书·礼仪志》中提到"王杖"，或称作"玉杖"，同样也是赐与

三星堆出土的青铜罍

年高退休的大夫。这种杖，虽饱含尊荣，却无半点权力可言。这种杖，杖首多为鸠形，据说取义于"鸠者，不噎之鸟也，欲老人不噎"④。尽管考据家们对鸠杖的来历说法不一，但从其功用看，认为从传统的中医观点出发，以鸠作食疗，可保养老人咽喉这种看法，还是比较合理的。

同中原王朝用鼎不用杖相反，古蜀王国正好是用杖不用鼎。在有关古代蜀人史迹的文献材料中，没有用鼎的片言只字记

---

① 《逸周书·克殷解》。
② 《左传·宣公三年》。
③ 郑德坤：《中国青铜器的起源》，《香港中文大学中国文化研究所学报》第16卷，1985年。
④ 《续汉书·礼仪志》。

载。在考古学文化上，商代古蜀文化的器物形制，例如陶器，是以小平底罐、尖底罐、高柄豆、鸟头把勺等为基本组合的，明显区别于以鼎、鬲、甗等三足器为基本组合特征的中原商文化。三星堆遗址中，虽然出土有商文化中常见的青铜尊、罍等器物，却绝无鼎出土。并且，即令是商文化的尊、罍等青铜器，在三星堆大型青铜器群中，也有着与商文化不同的使用功能。如三星堆青铜尊内就盛放着海贝，而不是如商文化那样用作庙堂盛酒的宴享之器。这些现象足以表明，无论在古代蜀人的观念还是实际政治生活中，鼎都处于无足轻重的地位，绝对未把它当作权力与财富的象征。

第七章

三星堆：古蜀文明与欧亚古文明

中国与西方文明的联系和交流，在中国史籍里出现较晚，到两汉才见诸记载，但从考古资料分析，其间的接触和文化交流实际却要早得多，在先秦时期即已见端倪。考古学证据表明，古蜀文明与欧亚古文明之间的接触和交流，早在公元前20世纪后期就已存在了。

一、金杖探源

　　三星堆一号祭祀坑出土的1柄金杖，十分引人注目。这柄金杖是用较厚的纯金皮包卷而成的金皮木芯杖，杖长143厘米，直径2.3厘米，净重463克。杖的上端有一段长46厘米的平雕纹饰图案，分为3组：最下一组线刻两个前后对称、头戴五齿高冠、耳垂系三角形耳坠的人头。上面两组图案相同，下方为两背相对的鸟，上方为两背相对的鱼，鸟的颈部和鱼的头部压有一

金杖在祭祀坑内的情况

支羽箭[①]。

这柄金杖，由于它与大量青铜礼器、青铜人头像、人面像、玉石器、象牙、海贝等巨大的物质财富同出一坑，更由于用杖象征权力是司空见惯的文化现象，因此人们很容易把它称为"王权杖"，或简称"权杖"。

这样来认识金杖的性质和它的象征系统对不对呢？

不错，它确实是一柄权杖，但它的权力象征系统还远远不止于此，还要深刻广泛得多。为了探明这个问题，首先就有必要考察权杖这种特殊文化形式的由来。只有正本清源，考镜源流，才能找到解开金杖之谜的钥匙，进而正确了解其文化内蕴、存在意义与价值。

四坝文化四羊首卵形青铜权杖头

不论历史文献还是考古资料，都共同说明了这样一个事实：金杖出现在殷商时代的成都平原，是绝无仅有，甚至是空前绝后的。它的孤立存在，表明了权杖不是成都平原古蜀王国文化固有产物的事实。

进一步扩大视野来看，即使是殷商时代的中国范围内，除了在夏、商之际的四坝文化发现与三星堆金杖并不相同的四羊首卵形青铜权杖头和汉白玉杖头外[②]，不论历史文献还是考古资料，也都没有发现并表明用杖作为权力象征系统的文化现象存在。

那么，三星堆金杖，作为一种文化形式，是怎样发生的，是从何而来的呢？

这就需要我们从世界文明史的广阔背景中去寻求答案。

世界上出现的第一具杖，是西亚欧贝得文化第4期（Ubaid IV，公元前4000年代前期）埃利都神庙地面下第7—6层墓中出土的一件男子

---

① 《广汉三星堆遗址一号祭祀坑发掘简报》，《文物》1987年第10期。

② 梅建军、［日］高滨秀：《塞伊玛—图比诺现象和中国西北地区的早期青铜文化——兼评帕尔格教授"赛伊玛—图比诺现象和西伯利亚动物纹饰的起源"一文》，《新疆文物》2003年第1期。

雕像手中所握的杖[①]。这根杖是一具无杖首的短杖。学术界普遍认为，这种男性氏族长或部落长手里的小杖，显然是后世王权或杖标的起源。青铜时代的西亚近东地区，从这种小杖发展而来的真正的王权杖逐渐增多，实物遗留下来不少。在今以色列境内的比尔谢巴（Beersheba），发现了公元前3300年的砷青铜杖首；在死海西岸恩格迪

汉谟拉比法典石碑上的太阳神像

（Engedi）南部的洞穴中发现一个窖藏，其中有青铜权杖首240枚[②]。在保存至今的许多石刻、雕塑等艺术品中，也常常可以见到各种权杖。比如，著名的汉谟拉比法典石碑，其上半部浮雕上的太阳神像，左手所执的，就是一具无杖首的短杖。这幅浮雕证明，所谓权杖，不单单是世俗的王杖，更重要的还是神杖，标志着神的权力。

新亚述帝国时期手拿权杖的国王浮雕（约公元前814年。大英博物馆藏）

亚述王宫浮雕中手拿权杖的国王（公元前883—公元前859年。大英博物馆藏）

---

① Strommenger, *5000 Years of the Art of Mesopotamia*, p.12,1964.
② R.F.Tylecote, *A History of Metallurgy*, 1976.

两河文明的狮头鹰纹梨形头权杖（约公元
前 2400 年。大英博物馆藏）

阿卡德皇家铭文梨形权杖头（沙尔卡利沙尔利时期，
公元前 2217—公元前 2193 年。大英博物馆藏）

古埃及纳尔迈调色板

那尔迈调色板图案描摹

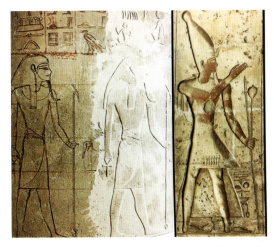

古埃及国王图特摩斯三世及其权杖

埃及梨形权杖头（公元前 3650—公元前 3100 年。纽约大都会博物馆）

　　在古代埃及，也有大量权杖，学术界认为这有可能是受西亚文化影响的结果。在古埃及格尔塞文化末期（Gerzean Culture, 约公元前3500至公元前3100年），开始出现圆盘形、犁头形等形式的权杖头（macehead）。在举世闻名的希拉康坡里遗址（Site of Hierakonpolis）神庙地面下所发现的埋有大量远古文物的所谓"大宝藏"中，出土了数十件标志王权与神权的权杖头，其中最为著名的是蝎王权杖头（Macehead of King "Scorpion"）和那尔迈权杖头（Macehead of King Narmer）。希拉康坡里第100号墓（即著名的"画墓"）西墙的彩色壁画上，最引人注目的是一位高举权杖头的大人物。从这些实物、绘画以及那尔迈调色板（King Narmers palette）上看[①]，这个时期埃及的权杖，几乎都是短杖，杖身与西亚文化大致一样。

————————

① H. Frankfort, *The Birth of Civilization in the Near East*, 1954.

链枷和权杖在古埃及是法老权力的象征，
一般交叉拿在胸前

图坦卡蒙法老金面具

至少从第四王朝第三位法老凯夫伦（Chefren）开始，埃及法老手执的权杖在形制上出现若干变化，杖身变得细长而无杖首[1]。第六王朝法老佩比一世（Pepi Ⅰ）那宏大的青铜雕像手中所执的权杖，同样是杖身细长，高度齐肩，而无杖首[2]。新王国第十八王朝法老图坦卡蒙（Tutankhamen）位于"王谷"的陵墓中，则发现了众多不同形制的权杖，既有金杖也有青铜杖；而图坦卡蒙的雕像手中，也握着一具金质曲柄短杖。

埃及法老不仅是国王，而且是神，其权力具有王权与神权的双重性质。

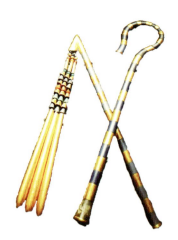

古埃及法老图坦卡蒙的权杖

---

① G. Mokh Tar, *General History of Africa*, vol. Ⅱ, 1981,plate 2.Ia p108,p158.

② J. Ki Zerbo ed; *General History of Africa*, vol. Ⅰ,1981,p.729,plate 28.3.

所以，作为这种权力象征系统的权杖，也被赋予着世俗的王权和宗教的神权，既是王杖，又是神杖，标志着至高无上的权力。

至于古希腊、古罗马的贵族统治者们手里常执的权杖，早为人们所熟知。其实，这不过也是西亚近东文化传播的结果罢了。

以上扼要论述说明，用杖这种原本普通的器物作为政治、军事、经济、宗教等独占权力的特殊象征物，原来是西亚的一种地方性文化形式。随着西亚文明之风的四向吹拂，这种文化因素及形式也被带至世界其他文明地区。古代埃及、爱琴海诸文明，无不深受此风浸染。后来的历史还表明，世界上许多地区、许多国度，先后使用权杖标志其至高无上的统治权，追根溯源，大概都与西亚文明有着直接或间接的关系。

苏美尔泥版（公元前 2500 年）上手持权杖的乌尔国王

三星堆出土的这柄金杖，从形制上看，与西亚、埃及较晚时期的权杖相似，属于细长类型；并且，近东权杖的一个显著特点，是在杖首或杖身顶头部有图案，描绘胜利者的功勋，或叙述某件关乎国家命运的大事。无独有偶，三星堆出土的金杖同样在杖身上端刻有平雕图案，内容也同样与国家权力有关。考虑到这些因素，同时也由于在古蜀王国本土和商代中国没有使用权杖的文化传统，因此，三星堆金杖看来是通过某种途径，吸收了近东权杖的文化因素而制成的。

金杖杖身上端的三组人、鱼、鸟图案说明，金杖既被赋予人世间的王权，又被赋予宗教的神权，本身既是王权，又是神权，是政教合一的象征和标志。

金杖上的人头图案，头戴五齿高冠，耳垂三角形耳坠，与二号祭祀坑所出王形像造型——青铜大立人像相同，表明杖身所刻人头代表着蜀王及其权力。鱼、鸟图案的意义在于，鱼能潜渊，鸟能飞天，它们是蜀

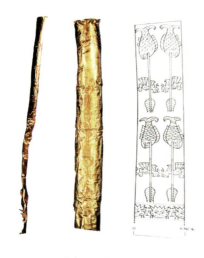

三星堆出土的金杖及图案线描

王的通神之物，具有龙的神化般功能。而能够上天入地、交通于神人之间的使者，正是蜀王自身。所以，金杖不仅仅是一具王杖，同时也是一具神权，是用以沟通天地、人神的工具和法器。《淮南子·地形训》说："建木在都广，众帝所自上下"，都广即是《山海经·海内经》中的"都广之野"，指成都平原；而所谓"建木"，或许就是三星堆出土的青铜神树。既然众神从这里上下于天地，那么金杖上的鱼、鸟，便能够通过金

三星堆出土的金杖图案中的人头像

三星堆出土的青铜大立人像

杖那无边的法力，沟通人神，挥洒自如了。自然，与鱼、鸟同在图案上的蜀王，就是指挥、支配人神之间交际的神了。

金杖的含义还不止于此。杖用纯金皮包卷，而黄金自古视为稀世珍宝，其价值远在青铜、玉石之上，因此使用黄金制成的权杖，又表现出对社会财富的占有，象征着经济上的垄断权力。所以说，三星堆出土的金杖有着多种特权复合性的象征意义，标志着王权（政治权力）、神权（宗教权力）和财富垄断权（经济权力）。这三种特权的同时具备，集中赋于一杖，就象征着蜀王所居的最高统治地位。同时，它还意味着，商代的古蜀王国，是一个彻头彻尾的神权政体。

二、雕像探源

三星堆一、二号祭祀坑内出土了大量青铜雕像，分为人物雕像、动植物像两大类。其中，青铜人物雕像有82尊，包括各种全身人物雕像、人头雕像和人面像。全身人物雕像有10尊，最大者通高260厘米，最小者仅高3厘米左右；既有站立，又有双膝跽坐和单膝跪地等姿态的造型。人头雕像的大小，一般同真人接近；根据发式、服式和脸型，可以分作几种不同的型式。人面像包括几个不同的型式，最大一尊通高65厘米，通耳宽138厘米，厚0.5—0.8厘米。此外，还出土数具纯金打制成

三星堆一号祭祀坑出土的青铜人头像

三星堆二号祭祀坑出土的金面罩青铜人头像

的金面罩。二号坑出土一尊青铜人头雕像，面部还戴着金面罩。动植物雕像包括鹰、鸟、鸡、蛇、夔、龙、凤等造型，还有6棵青铜神树，复原3棵，最高者高达3.96米[①]。

面对这一大批青铜雕像，尤其是其中的青铜人物雕像，学术界对它们的性质、功能众说纷纭，莫衷一是，似乎一时竟无法从中理出一条清晰的头绪，找不出它的发生演化脉络。对此，我们同样也必须运用文化人类学的分析方法，与考古学和历史学相结合，才能明察其功能体系。

三星堆出土的这些青铜人物雕像、青铜树以及黄金面罩，不但在古代巴蜀地区，而且在夏商时代的整个中国范围内，都是见所未见、闻所未闻的，不论文献还是考古资料，都丝毫找不到这些文化因素的来源，也丝毫找不到它们发生演变的任何序列痕迹。这就显然意味着，它们是借用了中国以外某文明地区的文化形式，同时根据蜀人自身的某种需要制作而成的。很明显，要解开这个秘密，还得从世界文明史的角度说起。

在冶金史上，一般认为西亚的安那托利亚（Anatolia）地区是世界冶金术的最早起源地[②]，由此向埃及、巴尔干、希腊、印度等

---

① 四川省文物考古研究所编著：《三星堆祭祀坑》，科学出版社1999年版。
② J. Mellart, *Catal Huyuk*, 1967.

阿卡德·萨尔贡一世青铜头像
（伊拉克巴格达博物馆藏）

萨尔贡雕像

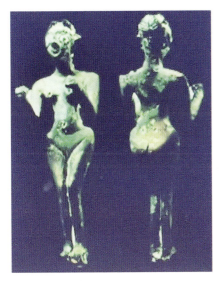

尼尼微出土的青铜雕像　　　尼尼微出土的青铜动物雕像

方向传播[①]。公元前40世纪末至公元前30世纪中叶，美索不达米亚
（Mesopotamia）地区在全球最早进入青铜时代。至迟在公元前30世
纪初，这个地区便开始利用青铜制造雕像。在乌尔（Ur），发现了公元
前30世纪初的青铜人头像。在尼尼微（Nineveh），发现了著名的阿卡
德·萨尔贡一世（Sargon I of Akkad, 2800 B. C）的大型青铜人头雕

青铜雕像

① R. F. Tylecote, *A History of Metallurgy*, 1976.

古希腊青铜雕像

哈拉巴文化遗址出土的青铜车模型

摩亨佐·达罗遗址出土的青铜舞女雕像

像①、小型人物全身雕像②，还出土各种青铜人物和动物雕像③。在埃及，发现了古王国第六王朝法老佩比一世（Pepi Ⅰ 2200 B. C）及其王子的大小两件一组的全身青铜雕像群④。古埃及文献记载的这类雕像，制作年代还可早到公元前2900年⑤。中王国以后，埃及制作青铜雕像日益广泛，在卡纳克（Karnak）遗址就曾发现大量青铜雕像的残片。古代爱琴文明也有大量雕像，不过最引人瞩目的还是覆盖在死者头部的纯金面罩。印度河文明也曾深受近东文明影响，制作雕像。摩亨佐·达罗城址（City Site of Mohenjo—daro）出土有人物雕像、动物雕像和青铜车，并以一尊男子人头雕像和一尊青铜舞女雕像享誉世界。

　　黄金面罩最早也产生在美索不达米亚地区。乌鲁克（Uruk）文化期娜娜女神庙的大理石头像，据说曾覆以金箔或铜箔。叙利亚毕面勒神庙地面下发现的一尊青铜雕像，也覆盖着金箔。在伊拉克，还发现头部和双臂覆以金箔的青铜人物雕像。西亚

乌尔王陵出土的牛头竖琴

① R. Willis, *Western Civilization*,vol.Ⅰ,p.18,1981。

② R. Willis, *Western Civilization*,vol.Ⅰ,p.18,1981。

③ 尼·伊·阿拉姆：《中东艺术史》，上海美术出版社1985年版。

④ H. R. Hall, *The Ancient History of the near East*, p.136,1947。

⑤ G. Mokh, *General History of Africa*, vol.Ⅱ,plate 2.Ⅰa,p.108,p.158,1981.

迈锡尼文明的金面具

黄金牛头

乌尔王陵出土的黄金牛头

金公牛头

安那托利亚神树

艺术中的许多雕像都是饰以金箔的。如乌尔王陵出土的牛头竖琴,牛头即以金箔包卷;另外的几尊金牛雕像,也以0.5—2毫米的金箔包卷覆盖,明显地是一种文化传统①。埃及的黄金面罩,最驰名的是图坦卡蒙王陵内的葬殓面具。迈锡尼文明也发现不少黄金面罩,覆盖在死者头部。这种文化形式,被认为是受到了埃及文化的影响。

至于青铜神树,美索不达米亚地区似乎也是其渊薮。乌尔王陵出土过黄金神树,上有带翅的山羊。安那托利亚出土的公元前2200年的

克诺索斯壁画《斗牛图》(局部)

① R. F. Tylecvte, *A History of Metallurgy*, 1976.

神树，上面也有各种人物和动物雕像。埃及古王国的浮雕，刻有满是奇珍异果、飞禽走兽的神树图案。爱琴文明时期的克里特人则以神圣的树、树枝和鸟作为女神的象征，克诺索斯壁画对此就有生动的描绘。令人饶有兴味的是，在印度古代文明深受近东艺术影响的纪念性雕塑中，也有不少反映神树的作品，药师女与神树的结合，便是这类作品的代表作。

三星堆二号祭祀坑出土的戴冠纵目青铜面具

　　以上扼要论述表明，青铜人物雕像群、神树、黄金面罩等文化形式，在近东文明区出现的年代最早，并且向东南欧和南亚次大陆广泛传播。

克诺索斯壁画（局部）

　　三星堆出土的青铜人物雕像群、神树和黄金面罩，由于其上源既不在古蜀王国本土，也不在中国其他地区，却同上述世界文明类似文化形式的发展方向符合、风格一致、功能相同，在年代序列上也处在较晚的阶段，因此不能不使人考虑是吸收了近东文明的类似文化因素加以再创作而制成。对此，我们还可以根据其文化特征进一步分析阐释。

　　从雕像人物的面部形态上看，三星堆青铜人物雕像中除开那些具有典型西南夷特征的形象外，高鼻、深目、颌下留一周胡须等特征给人以深刻印象。这类人物，不仅与同出的西南夷雕像面部特征不同，而且与成都指挥街发现的扁宽鼻型的土著居民人头骨的特征不同，也与商代和商周之际华北以及长江中下游的各种人面像的特征不同。显然，此种风格的人物面部形态造型，来源于中国以外的文化。

三星堆二号祭祀坑出土的大型纵目青铜面具

　　在艺术风格上，三星堆青铜人物雕像群的面部神态几乎雷同，庄严肃穆，眼睛大睁，缺乏动感和变化，尤其着意表现双眼在面部的突出地位，这同近东雕像的艺术风格一致。眼睛多在面孔平面上铸成较浅的浮雕，以明显的双眉和下眼眶来表现其深目，这也是近东雕像艺术习见的手法。对于人物雕像的现实主义表现和对于神祇雕像的极度夸张表现（如将眼球做成粗大的圆柱体，突出于眼眶外10余厘米，将耳朵做成像戈一样大而尖的式样，突出于双颧的斜上方），也与近东早、中期的艺术特点相同。对于神树的崇拜，则反映了这种文化形式从近东向南连续分布的情景。而这种上有奇珍异果、飞禽走兽的神树，与中原商王朝的社树"桑林"是完全不同的，不能混为一谈。

　　在功能体系上，无论西亚、埃及还是爱琴文明的青铜雕像群，大多出于神庙和王陵，具有祭祀和纪念的功能及意义。三星堆青铜雕像群全

三星堆出土的青铜器

部出土于祭祀坑，无一不具宗教祭祀礼仪功能，无一不具纪念意义，它们显然与殷墟等地出土的仅充作挂饰一类的小型雕像不能同日而语。

事实上，在任何文化交流和传播当中，必须考虑文化因素与传播速率、距离远近和传播手段、传播方式等关系的问题。古代文化传播，由于速率低、距离远，几乎所有传播的文化因素都会发生程度不等的嬗变。文化面貌总与传播速率和传播距离成反比，速率越低，距离越远，嬗变就越大；反之亦然。因此，世界上绝不会有毫无差别的东西。实际上，考古学上的类型学，就是本着这种原则来研究文化扩散和文化传播的。同样，这也是文化人类学和历史学上最一般的比较研究原则。所以，文化传播的比较研究，主要应观察其风格、特征、功能等大体，观察是否形成了文化丛或文化特质集结的连续性分布，而不是仅仅考虑其中的一、二个细枝末节。

三星堆一、二号祭祀坑出土的数百件青铜人物雕像、人头像、人面像、兽面像，各种各样的动植物雕像以及黄金面罩、青铜神树等，五光十色，光怪陆离，构筑成一个阴森、威严、凝重、恐怖而又庄严肃穆的巨大青铜空间，处处充溢着令人望而生畏的神秘王国氛围，这正是神权政治中心的典型形式。目的之一，在于通过各种物质的复杂组合形式及其必然对人产生的巨大精神压力，来显示王权与神权至高无上的权威和力量。可以看出，三星堆遗址出土的大型青铜雕像群，毫无疑问是古蜀王国大型礼仪中心的主要器物组合，从内容到形式都表现出与商周王朝"左昭右穆"的宗庙礼仪制度截然不同的风格和气势，却与宗教神权极其盛行的古代西亚文明有某些相似之处。而这些特点，正好同青铜雕像文化因素的传播情形不无相合，难道不是足以引人深思的吗？

三、古蜀艺术形式与近东古文明

（一）偶像式构图与情节式构图艺术形式的来源

史前从西起比利牛斯山、东到贝加尔湖的广大欧亚地区，存在着一种所谓"偶像式构图"的艺术形式。它的典型代表是裸体女像，学术界称之为"早期维纳斯"。历史时期，在近东、中亚到南亚文明中，发展出了与偶像式构图形式相并行的所谓"情节式构图"的艺术形式。在中国东北地区西辽河流域的红山文化，曾发现裸体女像。但在黄河流域和长江流域，迄今还没有发现这类早期的裸体女像。在先秦时期的中原诸夏中，是不奉行偶像崇拜的。所以在夏商时代，黄河流域中原地区极少有人物图像的塑造品，青铜器和玉石器不流行人物雕像，而以动物

大理石人头像

红山文化女神像

大地之母　　　　　　　　　　　　最早的大地之母

乌尔"皇家旗帜"

商代青铜簋上的饕餮纹

三星堆出土的青铜神坛

金沙遗址出土的灰白色刻纹玉璋上肩扛
象牙的人物

和饕餮像为主，零星出现的人物像也主要是小型塑像和人面具，尤其没有大型人物造型。春秋战国时代，黄河流域青铜器的纹饰受到斯基泰文化的一些影响，但仍然缺乏偶像式以及具有故事情节性的造像和雕刻。汉代河南南阳和山东等地的画像砖，始有富于情节的图像，但这并不是黄河流域的文化传统，从构图形式和刻画内容上看，它们很可能同秦灭巴蜀后，巴蜀的鍪釜甑和饮茶等习俗由秦人北传中原的情形一样，是由蜀地传播而去的。

在古蜀三星堆文化和金沙遗址出土的大批文物上，我们可以看到偶像式构图和情节式构图这两种艺术形式的存在。

三星堆二号祭祀坑出土的上下成四层的青铜神坛，其艺术形式是典型的情节式构图；金沙遗址出土的玉璋所刻四组对称的肩扛象牙跪坐人像，同样也是典型的情节式构图（参见第二章第四节"古蜀的象牙祭祀"）。而整个三星堆青铜制品，包括青铜人物雕像、动物雕像和植物雕像，如果仅从单件作品看，大量的是偶像式构图；但这些青铜制品的功能是集合性的，必须把它们集合到一起，才能充

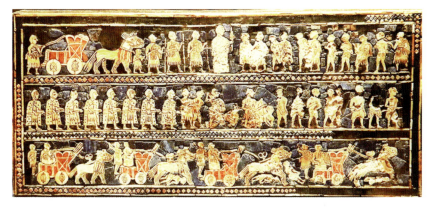

乌尔"皇家旗帜"复原图（正面）

乌尔"皇家旗帜"复原图（背面）

分认识其社会功能和艺术功能。我们已经指出，三星堆青铜制品群，既是古蜀王作为西南夷各部族之长的艺术表现，又是古蜀政治权力宗教化的艺术表现[①]。从这个意义上认识，三星堆大型青铜雕像群是为了表现古蜀王国的政治目的和意识形态意图而制作的，对它们的艺术形式自然也应当从这个角度出发去认识，才有可能切合实际。因此，我们认为，三星堆青铜雕像制品群的总的艺术特征，是情节式构图，各个雕像

---

① 段渝：《商代蜀国青铜雕像文化来源和功能之再探讨》，《四川大学学报》（哲学社会科学版）1991年第2期；段渝：《政治结构与文化模式——巴蜀古代文明研究》，学林出版社1999年版，第108—121页。

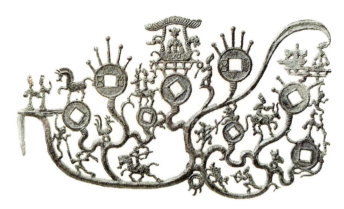

摇钱树上的西王母

之间的关系具有连续性，整个雕像群具有可展开的情节性。

　　将金沙遗址十号祭祀遗迹出土的玉璋上所刻四组对称的肩扛象牙跪坐人像图案，联系三星堆二号祭祀坑出土的牙璋上所刻祭山图图案，以及三星堆祭祀坑内出土的大型青铜雕像群、金杖图案、神坛以及神殿立雕等分析，商周时期的古蜀文明在艺术形式尤其绘画和雕刻艺术上，盛行具有连续、成组的人物和故事情节的图案，并以这些连续、成组的图案来表达其丰富而连续的精神世界，包括哲学思想、政治观念、意识形态以及价值观和世界观等等。如果把这些图案分类进行整理，并加以综合研究，以分析古蜀文明的艺术形式及其文化内涵，将是很有意义的。由此我们还可以进一步看出，它们与同一时期中原玉器和青铜器图案的艺术表现形式和内涵有很大不同，而与近东文明艺术形式的某些方面有着表现手法上的相似性。这种情形，当可以再次证实古蜀文明与近东文明之间所存在的某种关系。商周时期古蜀文明这种富于形象思维的文化特征，在它后来的发展史上凝为传统，成为蜀人思维模式的一个重要方面。而商周时期古蜀文明有关文化和政治内涵的艺术表现形式及其手法，则在后来的滇文化中得到了比较充分的继承、发扬和创新[①]。

────────

① 段渝：《论商代长江上游川西平原青铜文化与华北和世界古文明的关系》，《东南文化》1993 年第 1 期。

摇钱树枝上的西王母

有的学者认为，汉代四川的西王母造像，在制作技术和构图形式等方面，有可能同中亚地区有关[1]。另有一些学者认为，汉代四川的西王母图像，在艺术形式上来源于古蜀三星堆文化[2]。实际上，如果仅从单件雕像制品看，广汉三星堆祭祀坑出土的大量青铜人物雕像，是典型的偶像式构图艺术，但是从总体上看，三星堆青铜雕像却是情节式构图艺术。汉代四川的西王母造像，艺术手法多为圆雕或立雕，这类艺术手法与商代三星堆青铜制品的艺术形式十分相似，很有可能是古蜀文明雕刻艺术传统的传承和演变。从图像形式上看，汉代四川的西王母造像是从情节式构图向偶像式构图的

画像砖上的西王母与龙虎座（四川新繁出土）

----

[1] 李淞：《论汉代艺术中的西王母图像》，湖南教育出版社 2000 年版，第 38—47 页。
[2] 何志国：《论汉代四川西王母图像的起源》，《中华文化论坛》2007 年第 2 期。

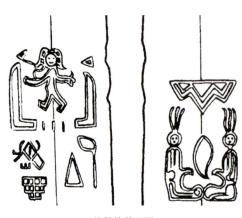

英雄擒兽母题

英雄擒兽母题（罗家坝）

巴蜀印章　　　　巴蜀印章

转变，反映了它的早期形式应是起源于情节式构图，这与三星堆和金沙出土文物中有故事情节的雕像或雕刻，在形式和表现手法上十分相似。这就说明，不论情节式构图还是偶像式构图的造像艺术，都是古蜀文明的一种固有传统，它们在古代四川是从商代以来一脉相承的，而均与近东文明的类似传统有关①。

（二）"英雄擒兽"母题

巴蜀文化中有一种符号，这种符号的基本结构相同，都是中间一个物体，两边分别一个相同的物体。这一类符号屡见于巴蜀印章，在巴蜀青铜器如新都马家大墓出土的青铜戈内部、青铜钺、青铜钲，涪陵小田溪出土的青铜钲以及其他地点出土的青铜器上亦较常见，可以说是巴蜀文化中一种习见的、使用较为普遍的符号。

这一类符号，在商代青铜器铭文中并不鲜见，见容庚《金

① 段渝：《古蜀象牙祭祀考》，《中华文化论坛》2007年第1期。

重庆涪陵小田溪出土的青铜钲

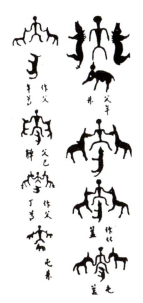

英雄擒兽母题（商文化）

新都马家乡墓出土青铜戈

英雄擒兽母题（近东）

文编》（增订第2版，1933年，长沙）。李济先生在其《中国文明的开始》一文里，把这类符号称作"英雄擒兽"，并引之为中国文明与美索不达米亚文明关系的重要证据。李济先生认为："这种英雄擒兽主题在中国铜器上的表现已有若干重要的改变。英雄可能画成一个'王'字。两旁的狮子，先是变成老虎，后来则是一对公猪或竟是一对狗。有时这位英雄是真正的人形，可是时常在他下方添上一只野兽。有时中间不是'王'字，代之以一个无法辨识的字。所有这些刻在铜器上的不同花样，我认为是美索不达米亚的原母题的变形。"[1]李济先生所说的"英雄擒兽"母题，是指近东文明中常见的一种图案，即中间一人，两旁各有一兽。H. 法兰克福曾指出，这种图形最早源于美索不达米亚，后来流传到埃及和古希腊米诺斯文明[2]。李济先生认为商代铜器上的这种母题源于近东文明的看法，近年来得到更多材料的支持，国内一些学者将这类图形称为"一人双兽"母题。

仔细观察巴蜀文化中的这类图案，它的基本结构与"英雄擒兽"母

---

① 李济：《中国文明的开始》，江苏教育出版社 2005 年版，第 25 页。
② H. Francford, *The Dong of Civilizaton in the Near East*, 1954.

迈锡尼狮子门

题即今所谓"一人双兽"母题完全一致，都是中间一个人形，两旁各有一兽。只不过在巴蜀文化中的这类图形，中间的人形已经简化或变化，两旁的兽形也已同时发生了简化或变化，图形发生了演变。

至于这类图形的含义，在美索不达米亚表现的是英雄擒兽，在中国商代则演变为家族的族徽，在巴蜀文化中也有可能是家族的族徽。基本结构的相同，是否意味着来源于一个共同的祖先？而图形的变化，则可能意味着家族的裂变，表明是共同祖先的不同分支？或者并不是意味着血缘关系而是意味着文化传播抑或文化趋同呢？

如果裂变说成立，那么在巴蜀文化研究中，就会出现一些新的说法。在同属于商代的古蜀文明三星堆金杖上的图案，人头像（蜀王）的上方分别有两只鸟和两条鱼，一支羽箭将鱼和鸟连在一起，这个图形与"英雄擒兽"或"一人双兽"母题在基本结构上相似。新都马家战国墓属于战国时代中期，而涪陵小田溪墓则属于战国晚期秦昭王时期，前者的年代早于后者，这是否说明涪陵小田溪墓与蜀人及蜀文化有一定关联？抑或反过来，战国时期的蜀文化与巴文化有关（若这类图形见于川东鄂西巴地较之见于蜀地为早的话。也有一些学者认为开明王来源于巴人或巴地）？其实，从战国时期巴文化与蜀文化已经趋同，在物质文化上已是既

铜枝形饰片（凉山州博物馆藏）

可分而又不可分，以致最终形成今天所谓巴蜀文化的情况看，英雄擒兽母题之在蜀地和巴地相继出现，就不是一个令人感到奇怪而是可以合理解释的文化现象了。

铜枝形饰片（凉山州博物馆藏）

在中国西南地区，除在巴蜀文字或符号中发现大量"英雄擒兽"母题而外，在一些地方出土的青铜器纹饰上也发现这类母题，而且还有一些青铜器直接被制作成"英雄擒兽"的形制。

在古蜀文明辐射范围内的今四川盐源县境内，曾发现大量以"英雄擒兽"或"一人双兽"为母题的青铜器。如学者称为"枝形器"的青铜杖首和青铜插件。在今云南保山也发现有这类图形，如青

铜钟上的图案等。在这些地区所发现的刻铸有此类图案的青铜器，年代多属于战国至西汉。有的学者认为是从我国西北地区传入的斯基泰文化的因素。但如联系到商代三星堆、战国新都、战国末小田溪的同类母题来看，问题恐怕没有这样简单。斯基泰文化是公元前7世纪中亚兴

斯基泰文化母体格里芬雕塑

起的一种文化，主要特征是动物尤其是猛兽或猛禽纹样，以及立雕和圆雕手法等，大多体现在青铜兵器和小件青铜器的装饰上，没有重器。但在我国西南地区（西南夷）发现的具有"一人双兽"母题的青铜器，如盐源青铜器，多属平雕，而其图案缺乏斯基泰文化最常见的母题"格里芬"或猛兽形象。如此看来，如果要把在古代西南夷地区发现的"一人双兽"母题青铜器简单地与斯基泰文化联系起来，还缺乏必要的证据。考虑到古蜀文明这类图形的来源，特别是古蜀文明在青铜文化方面对西南夷的影响，认为西南夷地区的这类图案是受到了蜀文化的影响，这种看法也许更加符合实际情况。

四川盐源发现的一种青铜杖首，下方为一个腰带短杖的人，两旁侧上方分别为一匹马，马上坐一人。这个图形中间的人物，形象与商代金文族徽类似图形极其相似，其间关系值得深入探讨。商代这类图形来源于美索不达米亚，那时斯基泰文化还没有兴起。盐源这种图形如与商有关，则可能是受到蜀文化同类图形影响的孑遗，而不是来源于西北高原传入的斯基泰文化因素。盐源青铜器如果是笮人的文化，那么更与斯基泰无关。笮人属于古羌人的一支，原居岷江上游，为牦牛羌之白狗羌，秦汉时期主要聚居在大渡河今雅安市汉源一带，是古蜀文明与外域

交流的通道南方丝绸之路的重要枢纽之一[①]，所受古蜀文明的影响无疑较大，所以笮文化的这类图形很有可能与古蜀文明有关，还难以与斯基泰文化搭上关系。

根据《华阳国志·蜀志》的记载，秦汉时蜀郡州治成都少城西南两江有七桥："直西门郫江中曰冲治桥；西南石牛门曰市桥，下，石犀所潜渊中也；城南曰江桥；南渡流曰万里桥；西上曰夷里桥，亦曰笮桥；从冲治桥西北折曰长升桥；郫江上西有永平桥。"[②]成都少城是先秦时期古蜀王国都城的中心位置所在地，也是秦汉时期蜀郡郡治的官署所在地。这说明了两个史实：第一，"夷里桥"的名称来源于夷人居住的区域名称"夷里"。第二，"夷里"的"里"，是地方低层行政单位的名称。"十里一亭"，里有里正，是标准的汉制，而汉制本源于秦制，"汉承秦制"。由此可见，在先秦时期，成都城市西南居住着不少夷人，建有专门的街区"夷里"。第三，"夷里桥"亦曰"笮桥"，说明居住在"夷里"的夷人是西南夷中的笮人。既然成都少城西南有夷里桥，又称笮桥，直到秦之蜀郡守李冰治蜀时仍然还居住着西南夷笮人并保留着笮人的街区和名称，那么先秦时期的蜀国与笮人相同，都属于西南夷的组成部分，应该是没有什么疑问的[③]。既然笮人与蜀不论是

三星堆二号祭祀坑出土的青铜神坛

① 段渝：《四川通史》第 1 册，四川大学出版社 1993 年版。
② 常璩著、刘琳校注：《华阳国志·巴志》，巴蜀书社 1984 年版，第 227 页。
③ 段渝：《先秦汉晋西南夷内涵及其时空演变》，《思想战线》2013 年第 6 期。

在族系上还是在文化上，都有着如此深厚密切的关系，那么如果说笮人此类"一人双兽"形青铜枝片的文化渊源于蜀，是不是较之它的斯基泰文化来源说更加合理呢？

　　有意思的是，在巴蜀和西南夷地区，不但发现有这一类所谓"英雄擒兽"或"一人双兽"母题的文字字形（巴蜀文字）或符号，而且还发现大量同样类型的青铜器造型或图案。这种情况，恐怕仅仅用巧合是难以解释的，二者的这种关联性，意味着其中必然有着深刻的内在联系。

　　此外，三星堆青铜神树上的龙，脖颈上生翼；青铜神坛兽座的兽，也是翼兽，这是中国最早出现的带翼兽。中国上古没有带翼兽的艺术形象，不论红山文化出土的玉猪龙还是河南濮阳出土的蚌龙，龙身均无翼。带翼兽的艺术形象，是古代美索不达米亚巴比伦文化的艺术特征，后来为中亚草原游牧族群所接受，并随其迁徙和流布而传向东亚和南亚。有学者认为，中国境内带翼兽的出现是在春秋晚期

三星堆青铜神树上的带翼龙

到战国时期[①]，这其实是指黄河流域中原地区而言，事实上应是商代中晚期的古蜀三星堆。到了汉代，双兽图案多分布在西南的四川地区，如四川绵阳的平阳府君阙上的带翼狮，就是最为典型的代表。带翼兽和双兽母题图案在古蜀地区如此之早地出现，确切表明了古蜀三星堆文明与欧亚古代文明的关系。

　　（三）卐形纹饰的来源

　　迄今所发现的卐形纹饰，最早出现在公元前3000年古埃及十二王

---

① 李零：《论中国的有翼神兽》、《再论中国的有翼神兽》，均见所著《入山与出塞》，文物出版社 2004 年版。

青海乐都柳湾出土的新石器时代彩陶上的卐字纹

朝时期的塞浦路斯和卡里亚陶器上，在属于公元前3000至公元前2000年的印度河文明摩亨佐·达罗出土的印章上，也发现有卐形纹饰。我国青海乐都柳湾出土的新石器时代彩陶上，也大量发现卐形纹饰。一般认为，青海乐都柳湾陶器上的卐形纹饰，是从西亚、中亚、南亚的途径传播而来的[①]。

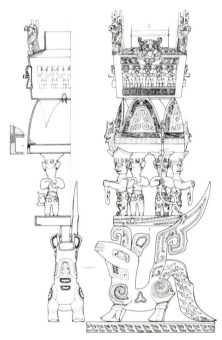

三星堆青铜神坛带翼兽座，第二层人物衣襟上的卐纹

在广汉三星堆祭祀坑出土青铜神坛第二层人物雕像的衣襟正面和背面，均铸有左飘的十字形纹饰，这种纹饰被认为是卐形纹饰之一种。三星堆出现的卐形纹饰不多，可以肯定是从外传播而来的；但究竟是通过青海地区南传还是经由印缅通道传播而来，这个问题还须深入探讨。若是通过青海南传，那么必然与藏彝走廊有关。若是经由印缅而

① 参见饶宗颐：《梵学集》，上海人民出版社 1992 年版。

来，那么必然与南方丝绸之路有关。

　　卐形纹饰之在三星堆出现，而三星堆文化是以氐羌部族为主体的古蜀人的文化遗存。这一点，与卡诺文化有相似之处。卡诺文化中即有西方文化的因素，但主体是当地文化与甘青古羌人文化因素相融合的文化。看来，不能排除三星堆的卐形纹饰是通过藏彝走廊传播而来的可能性。

（四）神树崇拜

　　在三星堆祭祀坑内，出土6株青铜神树的枝干个体，其中可以复原的有3株。三星堆青铜神树中，体量最大的是一号神树，高3.96米，树枝上有飞龙、金乌、花蒂等装饰物。令人惊讶的是，三号神树的树枝竟然是由纯金箔包卷起来的。这不但与弗雷泽在其名著《金枝》里所叙述的人类学资料雷同，而且与早年吴雷在美索不达米亚地区发掘的乌尔王陵中出土的黄金神树几乎完全相同。在印度古代文明里，同样存在着十分明显的神树崇拜，这在古代印度青铜器上比比可见。这一文化传统播染到西南夷地区，四川盐源发现的青铜树枝形器即是神树崇拜的产物，云南的滇文化亦盛行神树崇拜。而在黄河流域的中原地区，人类与天神之间相交通的工具

乌尔王陵中出土的黄金神树

是山[①]和青铜器上的动物纹样[②]。从美索不达米亚向北延伸到欧洲,向南经印度延伸到我国西南地区的神树崇拜习俗,和从我国西南经印度延伸到中亚、西亚和欧洲的丝绸之路的存在,证实了古代亚欧交通大动脉和文化交流线路的存在,这充分说明了中国文化开放性的事实。

(五)神秘的"眼睛"

四川宣汉罗家坝出土的陶制蜻蜓眼珠饰

所谓"眼睛",是指一种形似蜻蜓眼的珠饰。这种珠饰,或以玻璃制成,或以琥珀制成,或以陶土制成。

迄今在巴蜀及西南地区出土的珠饰,大多没有详细的图片和描述资料,不过最近在成都市蒲江战国墓出土的玻璃蜻蜓眼及四川宣汉墓地出土的陶珠,使我们有了比较详细的了解。

考古发掘在四川宣汉罗家坝墓葬出土了大量球形陶珠,陶珠都呈扁球形,中间有一圆穿,整体为绿色,多数陶珠的球体外表有12个外凸的深绿色不规则圆点,圆点外均有一周黄褐色圆圈[③]。

现代改进型珠饰(土耳其)

这种外表布有外凸圆点的圆形珠饰,原产于地中海沿岸地区,在公元前20世纪中叶盛行于近东以及埃及。最初是以黏土制作,俗称"蜻蜓眼",后来用玻璃制作。其用意在于人类可以凭借眼睛的力量来消除所谓"恶眼神"所带来的邪恶,从而为人类提供保佑。基于这种理念,蜻蜓眼便成为古代地中海沿岸的近

[①] 袁珂:《山海经校注》,上海古籍出版社1980年版,第451页。

[②] 张光直:《中国青铜时代》,三联书店2013年版。

[③] 四川省文物考古研究院编著:《宣汉罗家坝》,文物出版社2015年版,第104、100、111、206、230、235、288页。

东和埃及地区人们的护身符。这种
古老的习俗，至今仍然在地中海沿岸
的西班牙、西亚的土耳其等地区流行
不衰①。

近东蜻蜓眼珠饰

　　罗家坝墓葬出土的这类珠饰，均
为陶珠（Clay bead），不论其形状还
是质地，均颇同于地中海地区早期的
蜻蜓眼珠饰。不过，罗家坝墓葬出土
的珠饰显然不会直接来自于地中海
地区，联系到墓葬内所出的刻有"英
雄擒兽"图像的巴蜀印章和青铜器来
看，可以认为罗家坝墓葬这批珠饰的文化来源，与巴蜀印章和青铜器图
像有着十分密切的关系。

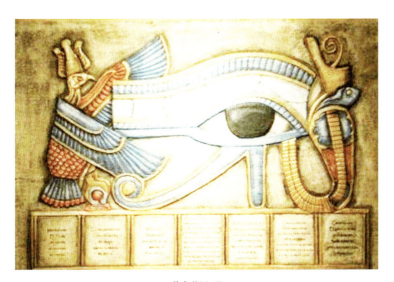

荷鲁斯之眼

---

① 笔者在埃及、西班牙、土耳其、伊朗等地，均见到人们佩戴用玻璃制作的这种蜻蜓
　眼式珠饰。这种珠饰在民间也有大量出售。

三星堆出土的青铜眼形饰

三星堆出土的青铜眼形饰

　　在三星堆祭祀坑中，还出土了大量青铜眼形饰。这些眼形饰被制作成各种不同的形制，有二分之一、四分之一、八分之一等形制，而且在三星堆二号祭祀坑出土的青铜纵目人雕像和另一件稍小的青铜纵目人雕像均有外凸的眼睛。此外，在三星堆青铜器中还有一件青铜神殿，神殿屋顶上铸刻出许多眼睛。

　　在古埃及，也有一座非常有名的被称为"眼庙"的神庙。而古埃及诸神中就有眼神，如著名的"太阳神之眼"或"荷鲁斯之眼"（Eye of Horus）。"荷鲁斯之眼"一方面表示神明的护佑和神圣的王权，另一方面又作为护身符，瞩目万物，给人类带来福音。

　　古埃及人用"荷鲁斯之眼"来计数，将"荷鲁斯之眼"拆解为6个部分，每个部分各代表一个分数，构成一个等比级数，相加即等于1，公

三星堆出土的戴金面具辫发青铜人头像

式为：1/2＋1/4＋1/8＋1/16＋1/32＋1/64＝1。

奇妙的是，三星堆出土的大量青铜眼形饰，也被大量拆解成1/2、1/4、1/8等不同等分，这与古埃及"荷鲁斯之眼"被拆解的现象，大有异曲同工之妙，的确是耐人寻味的。

在古埃及十八王朝时，对于眼睛的崇拜已被制作成蜻蜓眼泥珠。古埃及十八王朝的年代为公元前1550至公元前1307年，相当于中国的商代。三星堆文化的年代约为公元前2000年至公元前1000年（一说公元前600年）左右，三星堆祭祀坑的年代为殷墟一、二期，约为公元前1300年左右。

三星堆文化中出现的大量青铜眼形饰和神殿（眼庙）所表现出的极强的眼睛崇拜，与盛行于古埃及的眼神崇拜和眼庙，不仅形式极其相似，而且在年代上也稍晚，符合文化传播的速率原则，因此极有可能是采借了古埃及或近东文明的眼睛崇拜理念而制作的，反映了古蜀文明与近东文明的文化交流关系。

三星堆出土的青铜眼形饰

除上述"蜻蜓眼"外，四川地区还出土了不少非蜻蜓眼的各色珠饰，多与蜻蜓眼珠饰同出一墓。这一类珠饰，在古代伊朗和印度等地被称为"瑟瑟（Sit-sit）"，是古代地跨西亚和中亚的波斯帝国的宝石名称，中国称其为瑟瑟，是示格南语或阿拉伯语的音译。这一类珠饰，在战国时期的古蜀开明王朝曾大量用来制作珠帘。李膺《成都记》记载："开明氏造七宝楼，以真珠为帘。其后，蜀郡火，民家数千与七宝楼俱毁。"由"真珠"之名可知，制作蜀王开明氏七宝楼帘的"真珠"，应属

"瑟瑟"一类舶来品，原产于西亚和中亚。

杜甫寓居成都时，曾写过一首《石笋行》诗，诗中说道：

> 君不见益州城西门，陌上石笋双高蹲。古来相传是海眼，苔藓蚀
> 尽波涛痕。雨多往往得瑟瑟，此事恍惚难明论。是恐昔时卿相墓，立
> 石为表今仍存……

杜甫所说唐代成都西门多出瑟瑟，这一带正是春秋战国时期古蜀王国的墓区所在。唐时瑟瑟往往出于成都西门地下，足见随葬之多。杜甫既称"瑟瑟"，表明是来自西亚、中亚和印度地区之物，恰与古蜀王开明氏造成都七宝楼"以真珠为帘"的真珠的来源一致。

四、古蜀文明与东南亚文明

（一）西南夷与中缅交通

汉朝贾谊《新书》卷9《修政语上》记载："尧教化及雕题、蜀、越，抚交趾，身涉流沙，封独山，西见王母，训及大夏、渠叟，北中幽都，及狗国与人身而鸟面及僬侥。"[①]其中几个地名和古国、古部族名，颇与古蜀和西南地区的内外交通线有关。

独山，即蜀山，《汉书·武帝纪》

三星堆二号祭祀坑出土的人首鸟身像
（通高 12 厘米）

---

① 阎振益、钟夏：《新书校注》卷9《修政语上》，中华书局 2000 年版，第 360 页。

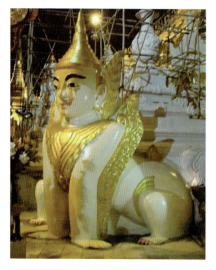

缅甸的鸟身人面像

"文山郡"下颜师古注云："应劭曰：文山，今独郡岷山。"独字上古音屋部定纽，与渎字音同相通，《史记·封禅书》即作"渎山"，指岷山，即是蜀山[①]。狗国，先秦岷江上游有白狗羌，称为"阿巴白构"，为牦牛羌之筰都，即《史记·大宛列传·正义》所说："筰，白狗羌也。"筰都在战国至汉初渐次南迁至今四川汉源大渡河南北，汉武帝末叶以后逐渐南迁至雅砻江流域今四川凉山州西南部之盐源等地区[②]。"人身而鸟面"，似与古蜀三星堆青铜雕像的人面鸟身有一定关系[③]。而狗国与人面鸟身相联系，则可能暗示着三星堆古蜀人与白狗羌在族群上的某种联系。

僬侥，或作焦侥，始见于《国语·鲁语》，其后，《史记》《后汉书》《山海经》《列子》《括地志》诸书中有所记载，说其人身高不过三尺。《山海经·大荒南经》记载："有小人名曰僬侥之国。"《海外南经》所记略同。《史记·大宛列传·正义》引《括地志》云："小人国在大秦南，人才三尺……即焦侥国。"方国瑜先生引证李长传《南洋史纲》说："小黑人，后印度（中印半岛）之原住民，人种学家名曰小黑人，属尼格罗系

---

① 《史记·封禅书》："渎山，蜀之汶山。"《索隐》云："《地理志》蜀郡湔氐道，渎山在西。郭璞注云：'山在汶阳郡广阳县，一名渎山也。'"潜、岷古今字。《史记》，中华书局 1959 年版，第 1372、1373 页。

② 段渝：《四川通史》第 1 册，四川大学出版社 1993 年版，第 270、271 页。

③ 四川广汉三星堆出土的青铜雕像中有 1 件鸟脚人身像，腰部以上断裂，损毁不存。这件雕像腰至大腿、小腿为人身，脚为鸟爪，踩在一只作飞翔状的青铜鸟的头上。根据这件雕像的形态和意境，联系到三星堆出土的 1 件青铜神坛的上层所铸有的高踞四周的青铜鸟头，再联系到三星堆出土的大量青铜鸟头像和陶制鸟头勺柄等情况分析，这件鸟脚人身青铜雕像的头部很可能是鸟头。

（Negritos）。身躯短小，肤色黝黑，在有史以前，居住半岛，自他族徙入，遂见式微。"方先生认为，永昌徼外僬侥夷，当即古之小黑人，唯不详其地理[1]。夏光南和波巴信认为，僬侥可能就是缅甸的原始居民小黑人，即尼格黎多人[2]。英国剑桥大学收藏的一

云南大理祥云出土的青铜封牛

片武丁卜甲，经不列颠博物院研究，龟的产地是在缅甸以南；YH127坑武丁卜甲碎片粘附的一些织物痕迹，经台湾学者检验是木棉[3]。木棉即《华阳国志·南中志》《蛮书》《新唐书·骠国传》等所说的"帛迭"，也就是所谓橦华布，主要产于缅甸。这表明，中、缅、印之间的交通、交流和互动，不但在商代确已存在，而且缅、印地区的一些文化因素还通过古蜀地区输往中原商王朝。

越南东山文化遗址出土的青铜封牛

缅甸的现生封牛

从《华阳国志·南中志》和《后汉书·哀牢传》的记载来看，西南夷的空间范围包括了后来缅甸的许多地区，直接毗邻于东印度阿萨姆地

---

[1] 方国瑜：《中国西南历史地理考释》，中华书局1987年版，第216页。

[2] 夏光南：《中印缅道交通史》，中华书局1940年版，第23页；波巴信：《缅甸史》，商务印书馆1965年版，第10页。

[3] 李学勤：《商代通向东南亚的道路》，《学术集林》卷1，上海远东出版社1994年版。

晋宁石寨山出土的西汉青铜立牛

区[①]。《后汉书·陈禅传》记载说："永宁元年，西南夷掸国王献乐及幻人。"掸国在今缅甸，时称西南夷。《后汉书·明帝纪》更是明确记载说："西南夷哀牢、儋耳、僬侥、盘木、白狼、动黏诸种，前后慕义贡献。"直接把僬侥之地纳于西南夷地域范围。《大唐西域记》卷10《迦摩缕波国》还记载："此国（按，指迦摩缕波）东，山阜连接，无大国都。壤接西南夷，故其人类蛮獠矣。详问土俗，可两月行，入蜀之西南之境。"这些记载十分清楚地说明，出蜀之西南境即西南夷，其境地是通过上缅甸地区与东印度阿萨姆地区相连接的，这一线就是古蜀人出云南到缅甸和东印度进行商业活动的线路。贾谊《新书·修政语》把西南夷狗国、三星堆人身鸟面与僬侥相互联系，其真实文化内涵应是上古时代我国西南与缅甸和东印度地区的交通和交流。

　　考古资料说明，早在旧石器时代，印度北部、中国、东南亚的旧石器就具有某种共同特征，即所谓砍砸器之盛行。而后来在中、缅、印广泛分布的细石器说明，在新石器时代，我国西南与缅、印就有文化传播和互动关系。根据陈炎先生在《中缅文化交流两千年》中所引证的中外学术观点，印度以东缅甸的现住民，不是当地的原住土著民族。他们当中的大多数，是在史前时期从我国的云贵高原和青藏高原迁入的，其

①《华阳国志》记载："（哀牢）其地东西三千里，南北四千六百里。"（刘琳：《华阳国志校注》卷4《南中志》，巴蜀书社1984年版，第428页）《后汉书·哀牢传》记载："（哀牢夷）其称邑王者七十七人，户五万一千八百九十，口五十五万三千七百一十一。"（第2849页）方国瑜先生认为，据此可见，哀牢地广人众，包有今之保山、德宏地区，及缅甸伊洛瓦底江上游地带（见方国瑜：《中国西南历史地理考释》上册，第22、24页）。方先生之说，符合古文献记载。

中的孟—高棉语族是最先从云贵高原移居到缅甸的[①]。这显然同有肩石器从我国西南云贵高原向缅、印地区的次第分布所显示的族群移动有关。

据《后汉书·南蛮西南夷列传·哀牢传》记载："永初元年，（永昌）徼外僬侥种陆类等三千余口举种内附，献象牙、水牛、封牛。"[②]东汉时僬侥进献封牛，所谓封牛，即牛脊梁凸起成峰的峰牛。这种牛的青铜雕像在云南大理地区的战国秦汉考古中有大量发现。峰牛产于印度、缅甸，为中国所不产，云南大理考古发现的大量战国秦汉时期的峰牛青铜雕像，即与缅甸、印度僬侥有关。这说明，中、缅、印之间通过我国西南地区进行的经济文化交流，早在先秦时期已经达到相当频繁的程度。东汉时，"永昌徼外夷"多次遣使从永昌（今云南保山）通过西南夷地区进入中原京师进献方物[③]，其中除僬侥外，还有敦忍乙、掸国等。据学者考证，这些族群和古国多在今缅甸境内。夏光南认为敦忍乙即下缅甸的得楞族（孟族）[④]。方国瑜先生认为敦忍乙是"都卢"的对音，似在上缅甸的太公[⑤]。掸国，学术界一般认为即是今缅甸境内的掸邦。《后汉书·南蛮西南夷列传·西南夷传》记载"掸国西南通大秦"，大秦即罗马帝国。从成都平原经云南出缅甸、印度，经巴基斯坦、阿富

---

① 陈炎：《中缅文化交流两千年》，载周一良主编：《中外文化交流史》，河南人民出版社 1987 年版，第 3 页。关于缅甸的古代民族的来源问题，参见李绍明：《西南丝绸之路与藏彝走廊》，《中国西南的古代交通与文化》，第 35—48 页；贺圣达：《缅甸藏缅语各民族的由来和发展——兼论其与中国藏缅语诸民族的关系》，载方铁主编：《西南边疆民族研究》3，云南大学出版社 2003 年版，第 1—17 页。关于孟高棉语的问题，可参见何平：《中南半岛北部孟高棉语诸民族的形成》，载方铁主编：《西南边疆民族研究》3，第 18—33 页。

② 范晔：《后汉书》卷 86《南蛮西南夷列传·哀牢传》，中华书局 1965 年版，第 2851 页；亦参：《后汉书》卷 5《安帝纪》，第 207 页。

③《后汉书》卷 4《和帝纪》《后汉书》卷 5《安帝纪》《后汉书》卷 51《陈禅传》《后汉书》卷 86《南蛮西南夷列传·西南夷传》，第 177、183、231、258、1685、2851 页。

④ 夏光南：《中印缅道交通史》，中华书局 1940 年版，第 23 页。

⑤ 方国瑜：《十三世纪前中国与缅甸的友好关系》，《人民日报》1965 年 7 月 27 日。

汗至西亚的安息（伊朗），再至地中海、罗马帝国，这正是南方丝绸之
路西线的全部行程。

（二）蜀王子安阳王与古雒城

贾谊《新书·修政语》还将蜀、越、交趾联系在一起，越为长江下
游和华南地区古族，先秦秦汉时期的南中地区也有相当多的越人，《华
阳国志·南中志》称"南中在昔盖夷越之地"，古文献也称南中有"濮
越""滇越"等。交趾在中南半岛北部，有雒田、雒王、雒侯、雒将[1]。联
系到越南北部红河流域发现的形制与三星堆文化相同的歧锋牙璋，越
南北部永福省义立遗址发掘出土的与三星堆文化相似的多边形有领玉
璧形器、石璧形器、A类灰坑等[2]，越南红河流域发现的"棘字"戈，以
及在四川凉山州、云南以及越南青铜时代东山文化遗址发现的大量蜀
式三角形援青铜戈[3]，云南和中南半岛出土的大量铜鼓，和《水经·叶

三星堆出土的牙璋

[1] 王国维：《水经注校》卷 37《叶榆水》注引《交州外域记》，上海古籍出版社
    1984 年版，第 1156 页。
[2] 雷雨：《从考古发现看四川与越南古代文化交流》，《四川文物》2006 年第 6 期；
    四川省文物考古研究院、陕西省考古研究院：《中越两国首次合作：越南义立遗址
    2006 年度考古发掘的收获》，《中国文物报》2007 年 4 月 6 日。
[3] 王有鹏：《犍为巴蜀墓的发掘与蜀人的南迁》，《考古》1984 年第 12 期；霍巍、黄伟：
    《试论无胡蜀式戈的几个问题》，《考古》1989 年第 3 期。

越南东山文化出土的牙璋　　　　　成都金沙遗址出土的牙璋

榆水注》所引《交州外域记》以及越籍《大越史记》《安南志略》等文献所载蜀王子安阳王南迁交趾建立"蜀朝"的历史看，先秦时期从四川经云南至中南半岛的交通线是畅通的[1]。这不仅与战国晚期蜀王子安阳

---

[1] 古代中越交通线的主要线路是步头道和进桑道。严耕望先生在《汉晋时代滇越道》中认为，进桑约在今河江县（E105°、N22° 50'）境，此道行程，北由贲古县东南行，沿叶榆水（今盘龙江）而下，经西随县（约今开化、文山县，E104° 15'、N21° 25'地区），达交趾郡（今河内地区）（严耕望：《中央研究院历史语言研究所专刊》第82，（台北）中研院历史语言研究所，1986年）。方国瑜先生在《南诏通安南道》中认为，进桑道确为滇越通途，进桑的方位在今云南的河口、马关二县间，系在红河流域，步头道在红河之元江经河口以至河内一线（方国瑜：《中国西南历史地理考释》上册，第521—530、566—586页）。关于步头道和进桑道在中越交通史上的作用，严耕望先生认为步头道在唐以前不如进桑道重要。笔者认为，步头是出云南至越南的水陆分程地点，以下即沿红河下航，这条线路是沟通云南和中南半岛交通的最古老的一条水道；另一条即是严耕望考证的进桑道（段渝：《四川通史》第1册，四川大学出版社1993年版，第86、160、161页）。李绍明先生《南方丝绸之路滇越交通探讨》一文认为，进桑道系沿盘龙江而下，而步头道系沿红河而下，二者走向是不相同的，不可仅视为一途以概之；红河一途即古步头道当是古代蜀人由滇进入越南最为便捷之最佳路径（《三星堆研究》第2辑，文物出版社2007年版，第4—7页）。

王从蜀地南迁交趾有关，而且同从商代以来中越文化的早期交流互动有关。

安阳王庙

在《水经·叶榆水注》所引《交州外域记》，以及《史记·南越列传·索隐》所引《广州记》、《唐书·地理志》所引《南越志》，以及《太平寰宇记》引《日南传》等其他一些史籍中，保存了蜀王子安阳王南迁交趾建立王国的珍贵史料。据越籍《大越史记全书》《安南志略》《越史略》诸书的记载，蜀王子安阳王名泮，蜀人，显然就是蜀王开明氏的后代。安阳王既称蜀王子，说明是蜀王后世子孙①。开明与安阳，本是一词的同音异写，仅音读稍异②。

根据上述史籍的记载，安阳王自开明王朝灭亡后，即率部南迁，经红河进入交趾（今越南北部地区），征服当地雒王、雒侯、雒将，建立"蜀朝"。《续汉书·郡国志》"交趾郡"下刘昭注曰："即安阳王国。"《广州记》称安阳王"治封溪县"③。越南史籍《大越史记全书》《岭南

---

① 徐中舒：《论巴蜀文化》，四川人民出版社 1982 年版，第 159 页。

② 蒙文通：《越史丛考》，《古族甄微》，巴蜀书社 1993 年版，第 361—362 页。

③《史记·南越列传·索隐》引。

摅怪》等，均以今越南河内东英县古螺村古螺城（Co Lao）为公元前3世纪蜀人所建造的安阳王城，这与安阳王进入交趾建国的年代相当吻合。越南史籍中的"螺城"，当为"雒城"之讹。

　　河内东英县古螺城原有外城、内城和宫城三重城墙，外城平面略呈五边形，周长8000米左右，墙基最厚处约25米，现存高度约4—5米，顶宽约12米；内城平面约呈椭圆形，周长6500米，城墙现存高度约2—3米，顶宽约20米，这两道城墙的间距约30米，内墙已毁不存；宫城平面略呈长方形，周长1650米。从形制上看，古雒城与中国四川新津宝墩古城十分近似。宝墩古城现已发现内城和外城，城址平面大致呈不甚规整的五边形，长约2000米，宽约1500米，城墙周长约6200米①。内城中一处称为"鼓墩子"的地方发现大型建筑遗迹，有可能是古城的中心，或许将来能够发现"宫城"。从出土器物上看，古雒城城址内出土万余枚青铜箭镞②，这也与中国史籍关于安阳王善用弩的记载恰相一致。越史记载说安阳王城为九重，考古发掘证实为三重。这种"重城"形制，及其依河流而建之势，与成都平原古城群有极为相似之处。而且，越史所记载的关于在安阳王城修建过程中由金龟相助才得

媚珠庙内景

① 成都文物考古研究所、新津县文管所：《新津宝墩遗址调查与试掘简报（2009—2010年）》，《成都考古发现（2009）》，科学出版社2011年版，第67页。
② 赖文到：《古雒城遗址出土的东山文化青铜器》，《越南考古学》2006年第5期。

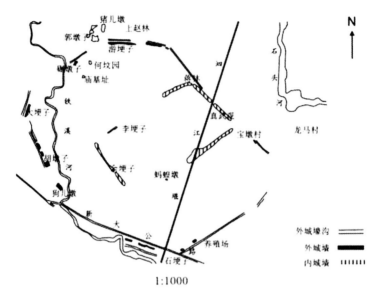

新津宝墩古城遗址平面示意图

以建成的传说[1]，与战国时期秦人因得神龟帮助才得以建成成都城因而成都又称为"龟化城"的传说如出一辙。显然，安阳王城确实是由来自于四川的蜀王子安阳王所建。

　　古螺城东南外建有祭祀安阳王的安阳王庙，还建有祭祀安阳王女儿媚珠的寺庙，在河内还有一条名为"安阳王大街"的大道，这些都与中、越历史文献关于安阳王故事的记载相当吻合，充分说明了蜀王子安阳王南迁交趾的史实。

　　蜀王子安阳王南迁交趾的史迹，在考古学文化上也有若干反映。近年在四川峨眉符溪、峨边共安和永东、犍为金井、汉源小堡、会理瓦石田、盐源柏林、盐边团结等地均发现大量蜀式器物，反映了安阳王南迁的情况[2]。云南滇池区域青铜文化中，也有大量蜀式器物。如呈贡龙街石碑村、晋宁石寨山、江川李家山古墓群中，都出土大量蜀式无胡青

---

[1] 见《岭南摭怪列传》卷之二《金龟传》，载戴可来、杨宝筠校注：《岭南摭怪等史料三种》，中州古籍出版社 1991 年版，第 27—30 页。

[2] 王有鹏：《犍为巴蜀墓的发掘与蜀人的南迁》，《考古》1984 年第 12 期。

铜戈。从流行年代及戈的形制纹饰分析，其中一些与蜀人南迁、蜀文化因素的渗透和影响有关。而越南北部东山文化中的无胡青铜戈[①]、船棺葬等等，也应与蜀文化的南传有深刻联系，证实了中、越史籍关于蜀王子安阳王南迁交趾建国的史实。

---

① ［越］黎文兰、范文耿、阮灵等：《越南青铜时代的第一批遗迹》，河内科学出版社 1963 年版。

第八章

南方丝绸之路：古代中印交通
与中国丝绸西传

古代中国通往海外和西方的丝绸之路有四条：南方丝绸之路、北方丝绸之路、海上丝绸之路和草原丝绸之路，把中国与世界文明联系起来。

从四川成都经云南至缅甸、印度并进一步通往中亚、西亚和欧洲地中海地区的"蜀身毒道"，是历史文献所记载的最早的中西交通线路，也是富于盛名的"南方丝绸之路"的西线。南方丝绸之路的中线为从四川经云南到越南和中南半岛的交通线，历史文献记载为"步头道"和"进桑道"。南方丝绸之路的东线为从四川经贵州、广西、广东至南

丝绸之路示意图（段渝绘）

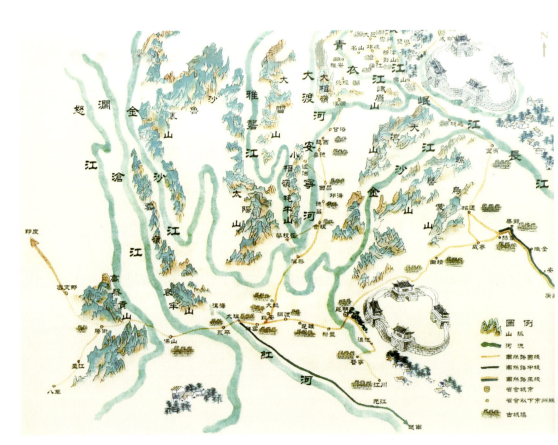

南方丝绸之路示意图

三星堆出土的青铜大立人像服饰（局部）　　　　三星堆出土的丝绸残片

三星堆出土的青铜蛇

海的"牂牁道",或称为"夜郎道"。南方丝绸之路早在商代已开通,我国古代在西南方向对外部世界的联系和交流,是经由南方丝绸之路进行的,它是我国古代西南地区同东南亚、南亚、中亚、西亚以至欧洲地中海地区文明交流互动的重要通道。

一、三星堆:蜀锦和蜀绣

中国是丝绸的原产地,早在商周时期丝绸织造就已达到相当水平[1],而四川是中国丝绸的重要起源地和主要原产地,尤其是成都丝绸织锦自古称奇,西汉扬雄《蜀都赋》曾称颂蜀锦鲜艳华丽,品种繁多,"发文扬采,转代无穷"。史前时期就有嫘祖后代、古蜀王蚕丛在成都平原"教民养蚕",引发了巴蜀丝绸的兴起。到商代三星堆文化时期,古蜀的丝绸制作已发展到相当成熟的阶段[2]。

成都交通巷出土的战国蚕纹青铜戈

成都百花潭中学出土的战国青铜壶上的宴乐弋射图

---

① 夏鼐:《我国古代蚕、桑、丝、绸的历史》,《考古》1972 年第 2 期。
② 段渝:《黄帝、嫘祖与中国丝绸的起源时代》,《中华文化论坛》1996 年第 4 期。

广汉三星堆出土的青铜大立人像头戴的花冠、身着的长襟衣服上所饰的有起有伏的各种繁缛的花纹，它的冠、服所表现的是蜀锦和蜀绣①。2021年三星堆新一轮考古发掘，继首次发现丝蛋白后，又在八号坑出土的一件青铜残片上发现附着的丝绸实物残留，

成都百花潭中学出土战国青铜壶上的宴乐弋射图中的采桑图

经纬组织非常明显，表层有一层类似于涂层的附着物，尺寸为1.8×0.8厘米，是目前三星堆发现的最明显也是最大面积的丝绸残留物②。研究团队在对1986年出土的一、二号祭祀坑的纺织品残留做了排查，在放大30至200倍后，发现13种器类、40多件器物上都有丝织品残留，还在其中青铜蛇上的残留发现了平纹之外的斜纹③。这表明，三星堆文化时期，不但三星堆的丝织工艺和丝绸使用已普遍存在，丝织业达到很高水平，而且丝绸已经成为政治权威和宗教权威的重要象征和物化体现，同时还表明丝织业已是三星堆政治经济的一个重要组成部分，有着相当高的地位。

成都交通巷出土的一件西周早期的蜀式青铜戈，内部纹饰图案以一身作屈曲蠕动状的家蚕为中心，四周分布一圈小圆点，象征蚕沙或桑叶，左侧横一桑树，蚕上部有表示伐桑所用的斧形工具符号④。在渭水上游宝鸡附近发掘的西周前期古蜀人弓鱼氏的墓葬内⑤，发现丝织品辫

① 陈显丹：《论蜀绣蜀锦的起源》，《四川文物》1992年第3期。
② 田云华、王帅：《三星堆遗址发现最明显、最大面积的丝绸残留物》，《央视新闻》2021年5月30日。
③ 吴平：《三星堆新发现，丝织品现黄色涂层；神树上还是衣服上，金箔用途未定》，《川观新闻》2021年5月25日。
④ 石湍：《记成都交通巷出土的一件"蚕纹"铜戈》，《考古与文物》1980年第2期。
⑤ 北京市丝绸厂等：《有关西周丝织和刺绣的重要发现》，《文物》1976年第4期。

痕和大量丝织品实物。丝织品有斜纹提花的菱形图案的绮,有用辫绣
针法织成的刺绣,这些丝织品其实就是古蜀丝绸和蜀绣。春秋战国时
代,蜀地的丝绸业持续发展,达到很高的水平。在战国时,蜀锦就已蜚
声内外,销往各地,考古发掘中在湖北江陵和湖南长沙等地楚墓中出
土的精美织锦,就是成都生产的蜀锦①,并与四川炉霍卡莎石棺葬内发
现的织品相似②。成都百花潭十号战国墓出土的一件铜壶上刻有采桑
图③,桑树分为大小两种,可能意味着已有野生桑树和培植桑树之别。
这些图像都充分表现出古蜀蚕桑业的成熟和兴旺发达。

与此相映成趣的是,2012年至2013年成都市文物考古研究所在
成都市天回镇老官山发掘的西汉二号墓内,出土4部蜀锦提花机模型,

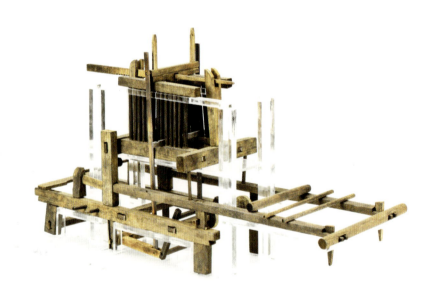

成都天回镇老官山西汉墓出土的提花织机（模型）

---

① 武敏:《吐鲁番出土蜀锦的研究》,《文物》1984 年第 6 期。
② 四川省文物考古研究所等:《四川炉霍卡莎湖石棺墓》,《考古学报》1991 年第 2 期。
③ 四川省博物馆:《成都百花潭中学十号墓发掘记》,《文物》1976 年第 3 期;杜恒:
　《试论百花潭嵌错图像铜壶》,《文物》1976 年第 3 期。

北宋木刻套色版画《蚕母》（现藏于浙江温州市博物馆）

这是迄今我国发现的唯一有出土单位、完整的西汉时期织机模型，其先进性独步于当时的中国纺织界，而其纺织技术应该是承先秦蜀锦而来。这对研究蜀锦纺织技术的起源和发展有着重大意义。

三星堆丝绸的发现有着十分重要的意义。我们知道，历代史籍均记载黄帝元妃嫘祖"教民养蚕"，"治丝茧以供衣服"，称颂嫘祖为中国蚕桑丝绸之祖。黄帝嫘祖为其子昌意娶蜀山氏之女，嫘祖氏族与岷江上游蜀山氏（今四川茂县叠溪）通婚，促成了蜀山氏从饲养桑蚕到饲养家蚕的重大历史性转变，由蜀山氏演变为蚕丛氏，从而引发了古蜀丝绸的起源和演进，在中国蚕桑丝绸史上具有非常重要的里程碑意义。

从蜀山氏到蚕丛氏名称的变化表明，两者关系是前后相续的发展演变关系，也是生物学上的遗传变异关系，包含并体现了深刻的历史内容，而不仅仅是一个名称的交替①。

---

① 段渝：《政治结构与文化模式：巴蜀古代文明研究》，学林出版社 1999 年版，第 319—371 页。

春秋战国时期的蜀锦（复制品）

从蜀山氏到蚕丛氏的转变，初步完成了蚕桑、丝绸的早期起源阶段，进入发展、传播的新阶段。其后，随着蚕丛氏从蜀山南迁成都平原，"教民养蚕"，推动了古蜀蚕桑和丝绸业的兴起和演进，成为中国蚕桑、丝绸业的主要原产地和丝绸生产基地之一。三星堆青铜大立人的冠冕和衣着所表现的蜀锦、蜀绣，以及新近发现的丝绸痕迹、丝蛋白、丝绸残片和数十件青铜器碎片上的丝绸残留物，可以说从一个重要方面证实了这种推想，从而对于南方丝绸之路的深入研究提供了十分重要的资料。

与此相映成趣的是，上个世纪90年代，奥地利大学考古队在古埃及的一座金字塔内的一具木乃伊头发上发现了来自中国的丝绸，年代约为公元前11世纪。虽然目前还不清楚这块中国丝绸的来源地究竟为何处，也不清楚它是间接传播的产物还是直接传播的产物，但来自于中国是毫无疑问的。

三星堆遗址出土的贴金青铜面具

虽然，在同一时期的中亚出现过中国商文化的一些因素，但是在西亚和南亚却几乎没有发现这一时期商文化的影响痕迹，倒是在中国西南古蜀文明地区却出现了印度古文明和近东古文明的因素，包括在四川广汉三星堆祭祀坑中发现的黄金面罩、黄金权杖和青铜人物雕像以及大量表现眼睛传播的各式青铜眼形饰等文化因素。如果我们把在古埃及金字塔内发现的中国丝绸，与在四川三星堆遗址发现的丝绸及其与近东和印度的古文明因素相互联系起来看，这是否反映了两者之间的交流互动关系和丝绸的传播呢？

二、海贝之路

三星堆出土的大量海贝中，既有产于南海的贝，不过更大量的是产于印度洋的贝，这就是环纹货贝（Monetriaannulus）。这种海贝，日本学者称为"子安贝"，大小约为虎斑贝的三分之一左右，中间有齿形沟槽，与云南省历年来发现的环纹货贝相同。这种环纹货贝，称为"齿贝"，产于印度洋暖海水域。地处内陆盆地的四川广汉三星堆出现如此

三星堆二号祭祀坑出土的海贝　　　　　　　三星堆出土的海贝

之多的齿贝，显然是从印度洋北部地区（主要指孟加拉湾和阿拉伯海之间的地区）引入的。

　　印度洋地区，一直流行以齿贝为货币的传统。中国古文献如《通典》"天竺"、《旧唐书·天竺传》都说天竺（印度）以齿贝为货币。《岛夷志略》《瀛涯胜览》《西洋番国志》《诸蕃志》等，也说到印度洋地区、孟加拉、马尔代夫、暹罗（泰国）等南亚、东南亚地区使用海贝或海肥为货币的情况。英国人哈维所著的《缅甸史》，引用唐大中五年（851）波斯旅行家至下缅甸的记载，说道："居民市易，常用海肥（Cowries）以为货币。"海肥，即是海贝。今云南仍然称海贝为海肥（贝）。

　　东印度和缅甸富产齿贝的情况，唐人樊绰《蛮书》卷10《南蛮疆界接连诸番夷国名》记载："小婆罗门国，与骠国及弥臣国接界，在永昌北七十四日程。俗不食牛肉，预知身后事。出贝齿、白氎、越诺布。"小婆罗门国的所在，历来多有歧议，但属于在东印度和缅甸地区内的古国，

三星堆出土的青铜贝

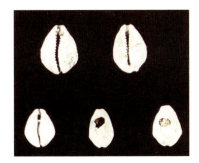

三星堆出土的海贝

则无歧义。当然，东印度和缅甸的海贝，都是来源于印度洋，这是没有疑问的。

我国西南地区出土来源于印度地区的白色海贝，并非只有四川广汉三星堆一处，其他地方还多有所出。例如：云南大理地区剑川鳌凤山的3座早期墓葬中出土有海贝，其中M81出土海贝43枚，M155出土海贝1枚，M159出土海贝3枚。这3座早期墓的碳14年代为距今2450±90年（树轮校正），约当春秋中期至战国初期。昆明市文物管理委员会在1979年底至1980年初发掘的呈贡天子庙战国中期的41号墓中，出土海贝1500枚，云南省博物馆1955年至1960年发掘晋宁石寨山古墓群（年代从战国末至西汉中叶），有17座墓出土有海贝，总数达149000枚。

云南晋宁石寨山出土的战国贮贝器中的货贝

　　四川地区最早出现海贝的是巫山大溪遗址，但其来源不得而知。岷江上游茂县石棺葬内，亦出土海贝、蚌饰等海产物。云南大理、楚雄、禄丰、昆明、曲靖珠街八塔台和四川凉山州西昌的火葬墓中，也出土有海贝。这些地区没有一处出产海贝，都是从印度地区引入的。将这些出土海贝的地点连接起来，正是我国西南地区与古印度的古代交通线路——蜀身毒道。不过，三星堆出土的海贝，却并非由云南各处间接转递而来，不是这种间接的、有如接力一般的关系。纵观从云南至四川的蜀身毒道上出土海贝的年代，除三星堆外，最早的也仅为春秋时期，而三星堆的年代早在商代中、晚期，比云南各地出土的海贝差不多要早上千年。再从商代、西周到春秋早期的这1000年间看，云南还没有发现这一时期的海贝。不难看出，三星堆的海贝，应是古蜀人直接与印度地区进行经济文化交流的结果。

甲骨文中与贝有关的文字

　　在三星堆遗址出土的一些陶器上，发现有数种刻划符号①。在一件 I 式小平底罐的肩部，有三枚成组、两组对称的⋔形符号；在一件 II 式陶盉的裆间，也各有一⋔形符号。这些陶器上的刻划符号，显然不是偶然的刻划痕迹。同一种符号出现在不同的器物上，这一现象说明，这些符号及其含义已经固定化、约定俗成。从这个字的形体分析，确像贝形，显然是一个象形字，当释为"贝"。在三星堆陶器上，还发现⋔形符

———————

① 四川省文物管理委员会：《广汉三星堆遗址》，《考古学报》1987 年第 2 期。

号。此符号的形体，像以一绳并列悬系两
串贝之形，当释为"朋"。此字与甲骨文
朋字的字形近似。联系到三星堆一、二号
祭祀坑所出土的大多数海贝均有穿孔的
情况，释🐚为贝、释🐚为朋，当有根据。

三星堆出土的海贝，大多数背部磨
平，形成穿孔，以便将若干海贝串系起
来。这种情形，与云南历年出土海贝的情
形相同。三星堆海贝，出土时一部分发现
于祭祀坑坑底，一部分发现于青铜尊、罍

三星堆出土的青铜尊

等容器中，这也与云南滇池区域青铜时代将贝币盛装于青铜贮贝器里的
现象一致。

滇文化贮贝器及线描图

　　成都平原深处内陆盆地的底部，从来不产齿贝，因此齿贝为货币，
必然是受其他文化的影响所致；而这种影响，必然也同齿贝的来源地区
密切相关，这就是古印度。古蜀人与南亚、东南亚地区的商品贸易以齿
贝为媒介的情形，恰与三星堆文化所包含的其他南亚文化因素的现象
一致，绝非偶然。

河南殷墟妇好墓出土的海贝

从中原商文化使用贝币,而商、蜀之间存在经济文化往来尤其青铜原料交易的情况,以及三星堆古蜀王国从云南输入青铜原料等情况分析,古蜀与中原和云南的某些经济交往,也是以贝币为媒介的。

某种意义上或许可以说,从四川经蜀身毒道到印度洋的"海贝之路",是中国最早的"海上丝绸之路"之一。

三、象牙的来源

在1986年发掘的三星堆一号祭祀坑内,出土了13支象牙,在二号祭祀坑内,出土了60余支象牙,纵横交错地覆盖在坑内最上层。在2021年3月三星堆新一轮发掘中,多座祭祀坑内出土大量象牙。更加令人不可思议的是,成都市金沙遗址出土象牙的重量,竟然超过1吨。三星堆青铜制品中最具权威、高大无双的二号坑青铜大立人——古蜀神权政体

三星堆遗址二号坑出土的象牙

三星堆遗址三号祭祀坑象牙发掘现场

的最高统治者蜀王的形象，其立足的青铜祭坛（基座）的中层，也是用四个大象头形象勾连而成的。三星堆二号祭祀坑出土的一件戴兽冠人物像，所戴的兽冠亦为象首冠，冠顶两侧有两只斜立的大耳，冠顶正中是一只直立而前卷的象鼻。

金沙遗址象牙堆积坑发掘现场

古地学资料表明，新石器时代成都平原固然森林茂密，长林丰草，然而沼泽甚多，自然地理环境并不适合象群的生存。至今为止的考古学材料还表明，史前至商周时代成都平原虽有各种兽类，然而诸多考古遗址中所发现的动物遗骸遗骸，除家猪占很大比重外，主要还有野猪、鹿、羊、牛、狗、鸡等骨骼，除三星堆祭祀坑和金沙遗址外，没有一处发现大象的遗骸、遗骨，更谈不上数十成百支象牙瘗埋一处。如果成都平原果真产象，那么就已发现的数百支象牙来说，一头大象两支象牙，则意味着有数百头大象被猎获，而象牙被取出后，将会有大量大象遗骨存留下来，但至今的考古资料并不支持这种情况。何况只有公象才有象牙，数百头公象难道就没有母象陪伴吗？足见三星堆和金沙遗址的象牙，必定不是原产于成都平原蜀之本土。

甲骨文中的"象"字

先秦黄河流域有象，殷墟甲骨文有象字，河南为豫州，文献里有象牙及象牙制品，考古也发现有象牙制品。关于此点，徐中舒先生和郭沫若先生均早已有过精深考证和论述[1]。但在周初，周成王"驱虎、豹、犀、象而远之，天下大悦"[2]，至汉代而视象为"殊方异物"，由外域进贡中华朝廷。据竺可桢先生研究，汉代气候业已转冷[3]，黄河流域的气候已不适应大象生存。

殷墟妇好墓出土玉雕象

无论史籍还是考古资料，均不曾有成批殷民逃往或迁往蜀中的任何蛛丝马迹，更不曾有服象的殷民移徙蜀中的丝毫痕迹。何况殷末时，蜀为《尚书·牧誓》所载参加周武王的诸侯大军，在商郊牧野誓师灭商的"西土八国"之首，协助武王灭纣翦商，而后受封为"蜀侯"，与殷民不共戴天。服象的殷民逃往任何地方，也绝不会自投罗网，投往其域中。而商王武丁时期，即在相当于三星堆祭祀坑的年代上下，甲骨文记载商王"登人征蜀"，商、蜀之间还在汉中地区相互置有森严的军事壁垒[4]。此情此景之下，商王朝自不可能赐象与蜀，何况卜辞和史籍中也全然没有这方面的片言只语记载。可以知道，三星堆的象牙，也同样不曾来源于中原商王朝。

云南西南部以及以西的缅甸、印度地区，自古为大象的原产地。汉

① 郭沫若：《中国古代社会研究》（1930），人民出版社 1964 年版，第 179—180 页。
徐中舒：《殷人服象及象之南迁》，《中央研究院历史语言研究所集刊》2 本 1 分，1930 年。
②《孟子·滕文公下》。
③ 竺可桢：《中国近五千年来气候变迁的初步研究》，《考古学报》1972 年第 1 期。
④ 段渝：《四川通史》第 1 册，四川大学出版社 1993 年版，第 45 页。

唐时期的文献对于云南产象的记载，仅限于其西南边陲，即古哀牢以南的地区，这在常璩《华阳国志·南中志》和樊绰《蛮书》里有着清楚的记载。而在云南东部、东北部，即古代滇文化的区域，以及在云南西部，即滇西文化的区域中，古今均无产象的记载。由此可知，三星堆和金沙遗址的象牙，也与滇池文化区域和滇西文化区域无甚关系。

湖南醴陵出土的商代青铜象尊

以上分析表明，商代三星堆遗址的象群遗骨遗骸，以及三星堆和金沙的象牙，既不是成都平原自身的产物，也不来自于与古蜀国有关的中国其他古文化区。揆诸历史文献，这些象群和象牙是从象的原产地古印度地区引进而来的。

《史记·大宛列传》记载张骞西行报告说："然闻其西（按：此指昆明族之西）可千余里有乘象国，名曰滇越。"滇越即印度古

摩亨佐·达罗遗址

代史上的迦摩缕波国，故地在今东印度阿萨姆邦①。《大唐西域记·迦摩缕波国》记载："迦摩缕波国，周万余里。……国之东南，野象群暴，故此国中象军特盛。"《史记·大宛列传》还说："身毒……其人民乘象以战。"《后汉书·西域传》也说："天竺国，一名身毒……其国临大水，乘象以战。……土出象、犀……"大水即今巴基斯坦境内的印度河②。《史记》和《后汉书》等文献所数称的"大水"（印度河），正是辉煌的古印度河文明的兴起之地。考古发掘中，在印度河文明著名的"死亡之城"摩亨佐·达罗废墟内，发现了曾有过象牙加工业的繁荣景象，还出土不少有待加工的象牙，以此并联系东印度盛产大象的情况，以及三星堆祭祀坑内成千枚来自于印度洋北部地区的海贝，可以说明三星堆和金沙遗址出土的大批象牙，是从古印度地区引进而来的，而其间的交流媒介，正是与象牙一同埋藏在三星堆祭祀坑中的大量贝币③。

四、Cina：成都与丝绸之路

中国丝绸传到西方，先秦时代的主要通道是南方丝绸之路，汉代及以后从北方丝绸之路输往西方的丝绸当中，也以四川丝绸为大宗，而从草原丝绸之路输往北亚的中国丝织品中，目前所见年代最早的也是四川丝绸。大量事实表明，四川丝绸以其质量优良闻名中外、传播西方，不愧为丝绸的故乡，而成都则堪称丝绸之路的源头。

（一）蜀身毒道的开通

早在三星堆文化时期，古蜀地区便初步发展了与古印度的陆上交通，成都丝绸通过上缅甸、东印度阿萨姆地区传播到古印度和中亚、西亚以至地中海地区，这条国际贸易线路便是南方丝绸之路。西方考古

---

① 汶江：《滇越考》，《中华文史论丛》1980 年第 2 辑。
② 夏鼐：《中巴友谊的历史》，《考古》1965 年第 7 期。
③ 段渝：《热带丛林文化的赠礼》，《三星堆文化》，四川人民出版社 1993 年版，第521—527 页。

舞人动物纹蜀锦（战国）

资料也说明，中国丝绸早在公元前11世纪已传至埃及[①]，至少在公元前600年就已传至欧洲，希腊雅典kerameikos一处公元前5世纪的公墓里，就发现了五种不同的中国平纹丝织品，到公元前四、五世纪时，中国丝绸已在欧洲尤其罗马帝国盛行。这两种情况，在早期中西交通的开通年代上是吻合的。

如果仅仅根据中国古文献的记载，至公元前2世纪末叶汉武帝时，汉王朝才开通西域丝绸之路，这就远远晚于考古发现所真实反映的中国丝绸西传欧洲的年代。而草原丝绸之路的开通约在战国时期，用以交易的丝绸主要是蜀锦。海上丝绸之路开通于汉代，但它的兴盛是在宋代及以后，贸易的物品主要是瓷器而不是丝绸。历史事实表明，由于成都丝绸的西传而引起丝绸之路的开通，成都是丝绸之路的源头所在。

古代四川销往南亚的代表性商品是丝绸。

联珠对马对鸟纹织锦

[①] Philippa Scott, *The Book of Silk*, London: Thames & Hudson, 1993, p.78; 又见《新华文摘》1993 年第 11 期关于奥地利考古队在埃及发掘中发现中国丝织品遗物的报道。

唐团窠对兽夹联珠对鸟纹半臂

汉"五星出东方利中国"织锦护臂

阿萨姆野象

唐对鸟纹锦

蜀地商贾从事长途贸易直至古印度的情况，历史文献记载颇多。如《史记》中的《西南夷列传》和《大宛列传》，详细记载了汉使张骞的西行报告，明言张骞"居大夏时见蜀布、邛竹杖，使问所从来，曰：'从东南身毒国，可数千里，得蜀贾人市。'"大夏商人所得蜀布、邛竹杖，即是在身毒"得蜀贾人市"，"往市之身毒"。明明白白地说出"得蜀贾人市"，证明蜀身毒道贸易是直接的远程贸易，而不是所谓间接传播。

《史记·大宛列传》还记载："然闻其西可千余里有乘象国，名曰滇越，而蜀贾奸出物者或至焉。"《三国志》卷30裴松之注引鱼豢《魏略·西戎传》亦载："盘越国，一名汉越王，在天竺东南数千里，与益部相近，其人小与中国人等，蜀人贾似至焉。"滇越（即盘越）的所在，张星烺以为是孟加拉；向达以为是剽越，即《广志》所谓剽越，地在今缅甸；饶宗颐及法国学者沙畹（E. Chavannes）[①]等以为应在阿萨姆与缅甸之间；汶江《滇越考》则认为在今东印度阿萨姆，为迦摩缕波[②]，其说甚是。可见，蜀贾人是通过东印度陆路通道进入古印度地区的，这也是古代蜀、印之间进行直接贸易的重要证据[③]。

（二）"支那（Cina）"名称与成都丝绸西传

成都输往印度的丝绸对当地乃至西方所产生的重要影响，从"支那"一词的出现及含义便可明了。

一般认为，"支那"（Cina）是古代印度地区对古代中国的称呼，最初见于梵文，出现年代最迟在公元前4世纪或更早。季羡林先生的《中国蚕丝输入印度问题的初步研究》及德国雅各比（H·Jacobi）在普鲁士科学研究会议的报告引公元前320年至公元前315年印度旃陀罗笈多王朝考第亚（Kautilya）所著书，说到"支那（Cina）产丝与纽

---

① 沙畹：《魏略·西戎传笺注》，载冯承钧译：《西域南海史地考证译丛》七编，商务印书馆1962年版，第41—57页。
② 汶江：《滇越考》，《中华文史论丛》1980年第2辑。
③ 段渝：《中国西南早期对外交通——先秦两汉的南方丝绸之路》，《历史研究》2009年第1期。

摩揭陀遗址

带，贾人常贩至印度"①。公元前4世纪成书的梵文经典《摩诃婆罗多》（*Mahabharata*）和公元前2世纪成书的《摩奴法典》（*Manou*）等书中有"丝"的记载及支那名称。但对于支那所指具体地区，学术界则有相当分歧。季羡林先生认为："古代西南，特别是成都，丝业的茂盛，这一带与缅甸接壤，一向有交通，中国输入缅甸、通过缅甸又输入印度的丝的来源地不是别的地方，就正是这一带。"②陈茜也认为古印度的丝织品来自四川③。法国汉学家伯希和（P. Pelliot）则认为，"支那"（Cina）一名乃是"秦"的对音，认为"印度人开始知道有中国，好像是这条道路上得来的消息"④。另有学者认为，支那是指先秦时期的楚国。

实际上，不论指认支那为秦国还是楚国，都是没有什么可靠的材料

① 季羡林：《中国蚕丝输入印度问题的初步研究》，载所著《中印关系史论文集》，三联书店 1982 年版，第 76 页。
② 季羡林：《中国蚕丝输入印度问题的初步研究》，载《中印文化关系史论文集》，第 75 页。
③ 陈茜：《川滇缅印古道考》，《中国社会科学》1981 年 1 期。
④ ［法］伯希和著、冯承钧译：《支那名称之起源》，《西域南海史地考证译丛》一编，商务印书馆 1962 年版。

旃陀罗笈多二世时期的笈多金币

伯希和在敦煌藏经洞

为依据的。伯希和指认支那为秦，认为支那是印度对秦始皇所建立的秦王朝的称呼[1]。但是秦王朝始建于公元前221年，而支那名称在印度的出现却可早到公元前4世纪，可见伯希和的说法不能成立。有的学者以为，支那是古印度对春秋时代秦国的称呼。但是，春秋时代秦对陇西、北地诸戎并没有形成霸权，秦穆公虽然"开地千里，并国十二"，却得而复失，仅有三百里之地[2]。而且，诸戎从西、北、东三面形成对秦的重重包围，阻隔着秦的北上西进道路，秦不能越西戎一步，何谈将其声威远播西方？直到公元前3世纪初，秦在西北地区才最终获胜，而此时"支那"一名早已在印度出现。显然，支那名称的起源与秦国无关。至于指认

[1] 伯希和著、冯承钧译：《支那名称之起源》，《西域南海史地考证译丛》一编，第36—48页。
[2] 《汉书·韩安国传》。

支那为荆，由于其立论基础不可靠，同样难以成立。

我们知道，古蜀文化从商代以来就对西南地区保有长期深刻的影响。三星堆文化时期，古蜀已同古印度地区存在以贝币为媒介的商品交易和其他方面的文化交流，这就为古蜀名称远播于古印度提供了条件。另据《史记》和《汉书》，蜀人商贾很早就"南贾滇、僰僮"，并进一步到达"滇越"从事贸易，还到身毒销售蜀布、邛竹杖等蜀物。滇越，即今天东印度阿萨姆地区[①]，身毒即古印度。印度古籍《政事论》提到的蚕丝和织皮纽带恰是蜀地的特产，而贩卖丝和纽带至印度的"贾人"应是蜀人。这与我国史籍《史记》所记载的汉武帝时张骞在今阿富汗见到当地商人从印度贩回"蜀布、邛竹杖"的情况，恰相一致。而张骞在中亚所见到的唯一的中国产品就是"蜀布、邛竹杖"等"蜀物"，这就表明了战国时期蜀贾人在古印度频繁的贸易活动，而这又是同商代以来三星堆文化与古印度文化的交流一绪相承的。在这种长期的交往中，古印度必然会对古蜀及其名称产生较之我国其他地区更多的印象和认识。

"成都"这个名称，产生很早，已见于《山海经》。春秋时期的四川荥经曾家沟漆器上，就刻有"成造"（成都制造）的烙印戳记。1985年，在四川荥经曾出土一柄刻有"成都"二字的蜀式青铜矛。2017年2月，在成都蒲江战国墓内，也出土一柄刻有"成都"二字的蜀式青铜矛，足见成都得名

成都青铜矛铭文细部　　　　文字描摹

① 汶江：《滇越考》，《中华文史论丛》1980 年第 2 辑。

之早。"成"字，过去学者按中原中心论模式，用北方话来复原它的古音，以为是耕部禅纽字。但是，从南方语音来考虑，它却是真部从纽字，读音正是"支"。按照西方语言的双音节来读，也就读作"支那"。这表明，支那其实是成都的对音。

美国东方学者B. 劳费尔认为，梵语里的Cina，在古伊朗语里的相对字是Cina，波斯语里称中国的字如Cin、Cinistan、Cinastan，中古波斯语称中国的字如Cen、Cenastan，亚美尼亚语的Cen—k, Cenastan、Cenbakur（"中国皇帝"）、Cenazneay（"开始于中国"）、Cenik（"中国的"），粟特语的Cyn—stn（Cinastan），"费尔瓦尔丁（神）赞美诗"里的Saini和帕拉菲语古经《创世记》里的Sini，当头C和S并用恰恰等于希腊语里的对似语Σivai和θivai（=Cinai），"可以假定中国在印度语、伊朗语和希腊语里的名称是出于一个共同的来源，而且这个原字或许可以在中国国内去找"①。B. 劳费尔所举的这些语言例证，不论梵语Cina还是从Cina转生的各种对应字，均与"成"的古音相同，或相近，证实Cina的确是成都的对音或转生语，其他地区的相对字则均与成都的转生语Cina同源。由此可见，印度古书里提到"支那产丝和纽带"，又提到"出产在支那的成捆的丝"②，即是指成都出产的丝和丝织品，Cina这个名称从古印度传播到中亚、西亚和欧洲大陆后，又形成其转生语，如今西文里对中国名称的称呼，其来源即与此直接相关。而Cina名称的西传，是随着丝绸的西传进行的，说明了成都丝绸对西方的巨大影响。

印度学者Haraprasad Ray教授在《从中国至印度的南方丝绸之路——一篇来自印度的探讨》③一文中说道，印度诗人迦梨陀娑

---

① B. Laufer:《中国伊朗编》，林筠因译，商务印书馆1964年版，第403、404、405页。
②［印］《国事论》。
③［印］Haraprasad Ray 著、江玉祥译、曾媛媛校:《从中国至印度的南方丝绸之路——一篇来自印度的探讨》，载江玉祥主编:《古代西南丝绸之路研究》，四川大学出版社1995年版。

印度传统文化中的超日王形象

（Kalidasa）那个时代以前，中国纺织品的名字频繁出现。迦梨陀娑确立了这样的事实，即中国的丝织品如果不是在贵族中已经普遍使用和已经成为一项知识，就不可能在古印度的流行作品中频繁提到它的名字。当诗人迦梨陀娑提到国王Dusyanta的心进退不定、像那迎风飘举的中国布（Chinacloth）的旗帜的时候，诗人使用Cingngsuka表示"中国丝绸旗"的意思。那时，这种布（丝绸）的名声已经传播得远而广[①]。

迦梨陀娑的另一部著名史诗《鸠摩罗出世》（*Kumarasambhava*）（Siva的儿子、Kumara Kartikeya的诞生）也提到中国丝绸（Cinagsukaih Kalpitaketu malam，即，旗帜飘扬在金色的大门上，微风展开它那丝质的绣饰）[②]。在这两个事例中，皇家的旗帜皆是中国丝绸，这说明中国丝绸非常普及。

Haraprasad Ray教授还指出，Cinapatta在Kalidasa时代（在公元

---

① 转引自［印］Haraprasad Ray 著、江玉祥译、曾媛媛校：《从中国至印度的南方丝绸之路——一篇来自印度的探讨》。

② 转引自［印］Haraprasad Ray 著、江玉祥译、曾媛媛校：《从中国至印度的南方丝绸之路——一篇来自印度的探讨》。

湿婆"毁灭之舞"坦达瓦之舞

前1世纪至公元400年之间），通称为Cinangsuka。在公元前4世纪至公元前3世纪的早期阶段，它通称为Cinapatta。印度人对它的织质是不清楚的，因此他们称之为"中国布"（China—cloth）。Patta很可能是用亚麻或黄麻制成，因为整个东印度（inBhojpuriPatua）Pat-ta的现在形式Pat意谓"黄麻"，这一点是很明显的。从织质和外观来看，它类似丝。同样的词Pat，阿萨姆语意指"丝"，这是由于阿萨姆的丝极其普遍的缘故。这种丝可能从中国传入，替换了亚麻丝或亚麻布，Patta这个词便用来专指由蚕茧制造成的中国或阿萨姆的丝绸，Patta（Patta，黄麻）在阿萨姆失去了它的原始意义。早在公元前5世纪，丝绸一定已从中国传到阿萨姆[1]，也有可能古印度某些地区出产某种野蚕丝[2]。由此

[1] ［印］Haraprasad Ray 著、江玉祥译、曾嫒嫒校：《从中国至印度的南方丝绸之路——一篇来自印度的探讨》。
[2] ［印］Haraprasad Ray 著、江玉祥译、曾嫒嫒校：《从中国至印度的南方丝绸之路——一篇来自印度的探讨》。

不难知道，《史记》所记载张骞在大夏看到的来自古印度的"蜀布"，印度梵语称为Cinapatta，其实就是成都生产的丝绸，也就是扬雄所谓的"黄润细布"。

根据上面的论述，一旦我们把支那（Cina）一词还原为成都，把Cinapatta一词还原为成都丝绸，那么成都和成都丝绸（Cinapatta）早在公元前4世纪已为古印度所知，这个史实就是十分清楚的了。以此再来看《史记》所载张骞在大夏看到的来自古印度的"蜀布"，应即古印度梵语所称的Cinapatta，其实就是成都生产的丝绸，也就是扬雄所谓的"黄润细布"。印度考古学家乔希（M.C.Joshi）曾指出，古梵文文献中古印度教大神都喜欢穿中国丝绸，湿婆神尤其喜欢黄色蚕茧的丝织品[①]。这种黄色的丝织品，应该就是扬雄所说的"黄润细布"[②]。印度教里湿婆神的出现年代相当早，早在印度河文明时期已有了湿婆神的原型，后来印度教文明中的湿婆神就是从印度河文明居民那里学来的[③]，此时古蜀就与古印度有了丝绸贸易关系，最早开通了丝绸之路。

五、Seres：赛里斯与丝绸之路

根据古代希腊、罗马文献的记载，在东方极远的地方，有一地域叫Seres。大多数西方文献以Seres为中国的代称。中文一般根据其读音译为赛里斯，也有一些论著直接译为中国。

但是，Seres的内涵究竟是指什么？或它究竟是指中国的哪一地域？对于这些问题，国内外学术界向来存在争议，诸家说法不一。

不少学者认同法国汉学家亨利·玉尔（Henry Yule）所提出的对Seres的解释。玉尔认为：Seres、Serica二字，出于希腊、罗马称中国绢缯的Sericon、Sericum，又由阿尔泰语讹传。中国的丝绢，早为西方

---

① 转引自［印］谭中、（中）耿引曾：《印度与中国——两大文明的交往和激荡》，商务印书馆2006年版，第71、72页。

② 事实上，至今四川出产的生丝，仍略带黄色。

③ 刘建、朱明忠、葛维钧：《印度文明》，中国社会科学出版社2004年版，第48、50页。

欧洲社会所喜爱,自古经索格德拉(Sogodiana)、安息(Parthia)商人输往西方,为希腊、罗马士女所珍爱,以至因缯绢而称呼其产地。Sin、Sinai系统的字,胚胎于秦始皇统一六国后的秦帝国名称,后百余年随汉武帝远征匈奴而传至边远之地。他认为,Seres名称的起源,仅能上溯到公元前221年,但缯绢贸易的存在则可上溯到远古①。另有一些学者认为Sin为蚕之译音②。虽然,蚕字上古音为侵部从纽,读若Cin,与Cina读音相近。但是,Sin系统的字既然源出阿尔泰语,起源较晚,那么它与起源较早的梵语Cina系统就不具有同等的关系,应当是来源于梵语,其间关系恰好与中国丝绸从古蜀经古印度西传的途径相一致。玉尔以为Seres名称为陆路西传,Cina名称为海路西传,其实并没有坚实可信的证据。法国汉学家伯希和坚持认为Seres、Sin均出Cina③,美国东方学家劳费尔(B.Laufer)也赞同这一看法④。应当说,在这一点上,伯希和与劳费尔的看法是正确的。

至于赛里斯究竟是指整个中国,还是指古代中国的某个地域,这个问题在国内外学术界同样存在不同意见。一些学者认为赛里斯是指中国西北地区,而杨宪益先生则认为赛里斯是蜀的译音。他指认赛里斯为古代的蜀国,主要证据有两个:一是根据脱烈美《地志》所记载道里的方向和距离;二是认为"蜀国的蜀本为织丝的蚕的原字,此亦与Seres产丝的西方记载相符"⑤。

蜀,上古音为屋部禅纽,南方话无卷舌音,读为Su,它是古蜀人的自称,黄河流域中原地区的人们则根据古蜀人善养蚕的特征,把Su的读音音译写作蜀。蜀,在甲骨文里为桑虫的象形字,如《说文》所释。

---

① 参见莫东寅:《汉学发达史》,上海书店1989年根据北平文化出版社1949年版影印,第7页。
② 姚宝猷:《中国丝绸西传史》,商务印书馆1944年版,第37、38页。
③ 伯希和著、冯承钧译:《支那名称之起源》,《西域南海史地考证译丛》第1编,商务印书馆1962年版,第36—48页。
④ 劳费尔著、林筠因译:《中国伊朗编》,商务印书馆1964年版,第404页。
⑤ 杨宪益:《释支那》,载《译余偶拾》,山东画报出版社2006年版,第127—129页。

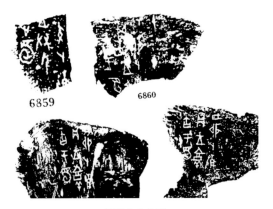

甲骨文中的蜀

此义正符合自称为Su的族群之经济特征，所以中原地区的人们即以蜀字来写定Su这个族群的名称。在殷墟甲骨文中，蜀字从目、从虫类躯体，而不从虫，以目和虫体两个字会以蜀字。但在周原甲骨文里，蜀字则从目、从虫类躯体、从虫，以目、虫体和虫三个字会以蜀字。有学者以为殷周对蜀字的两种写法，是分别表示两个不同的蜀族。其实，两种蜀字完全是一样的，它们都表示同一个自称为Su的族群，这就是四川盆地的蜀。殷墟甲骨文中从目、从虫类躯体的蜀字，应当是省形字，即是省去所从的虫，而周原甲骨文的蜀字则是完整的写法。可见，蜀字的下半部从虫或不从虫，其含义完全是一样的，毫无二致。不论殷墟甲骨文还是周原甲骨文里的蜀字，都不与蚕字相同。蜀，即是《尔雅》释文所谓的"桑中蚕"，《诗经》毛《传》所谓的"桑虫"，即桑蚕，它是"蚕之类多"中的一种[1]，只有这种桑蚕才能演化为家蚕，而其他种类的蚕均不能演化为家蚕[2]。可见，以蚕字来代替蜀字是并不妥当的。

① 郑樵：《通志·昆虫草木略二》，上海古籍出版社1990年影印本，第803页。
② 参见段渝：《政治结构与文化模式——巴蜀古代文明研究》，学林出版社1999年版，第352—355页。

甲骨文中不同的"蜀"字字形

　　其实，虽然从内涵来看，Seres与Su有一定的相关性；但是从字音上分析，Seres与Su，二字的字根不同。问题的关键在于，阿尔泰语的Seres来源于梵语的Cina，而梵语的Cina来源于丝绸的原产地地名成都[①]，读若Sindu，而不是读若Su。

　　赛里斯（Seres）和后来产生的秦尼（Thinai）名称，都是公元前后西方人对中国的称呼。赛里斯（Seres）一名初见于公元前4世纪欧洲克尼德（Cnide）的克泰夏斯（Ctesias）关于远东有人居住地区珍异物的记载，秦尼（Thinai）一名初见于公元1世纪末亚历山大城某商人的《厄立特里亚航海记》，530年希腊教士科斯麻斯著《基督教世界风土记》，则称为Tzinitza及Tzinista，实与拉丁文出自一源[②]。而据戈岱司的看法，西语里的秦尼扎（Tzinitza）或秦尼斯坦（Tzinista），"显

---

① 参见段渝：《支那名称起源之再研究》，载四川大学历史系编：《中国西南的古代交通与文化》，四川大学出版社1994年版，第126—162页。

② 方豪：《中西交通史》，岳麓书社1987年影印本，第66页。

然就是梵文Cinathana（震旦）的一种希腊文译法"①。可见，不论是赛里斯（Seres）还是秦尼（Thinai），或是秦尼扎（Tzinitza）、秦尼斯坦（Tzinista），它们的语源都是支那（Cina），而支那就是成都的梵语译法②。

公元1世纪末，亚历山大城某商人的《厄立特里亚航海记》写道，经过印度东海岸以后，向东行驶，到达位于恒河口以东的"金洲"后，再经过一些地区，到达赛里斯，一直到达一座名叫秦尼（Thinai）的内陆大城市的地方，该地通过两条不同的道路向印度出口生丝、丝线和丝绸。第一条道路经过大夏到达婆卢羯车（Barygaza，即今之布罗奇）大商业中心，另一条路沿恒河到达南印度。赛里斯国与印度之间居住着称为贝萨特人（Besatai）的野蛮人，他们每年都要流窜到赛

蜀锦

里斯国首都与印度之间，随身携带大量的芦苇，芦苇可用来制作香叶（肉桂），这种东西也向印度出口③。据德国学者李希霍芬（F.von Richthofen）研究，贝萨特人的位置是介于阿萨姆和四川之间，《希腊

---

① 戈岱司编、耿昇译：《希腊拉丁作家远东古文献辑录》，中华书局1987年版，"导论"第17—19页。

② 段渝：《支那名称起源之再研究》，载四川大学历史系编《中国西南的古代交通与文化》，四川大学出版社1994年版，第126—162页。

③ 戈岱司编、耿昇译：《希腊拉丁作家远东古文献辑录》，中华书局1987年版，"导论"第16—18页、正文第17—19页。长期以来，《厄立特里亚航海记》被认为是2世纪前半叶希腊史家阿里安（Arrien）的作品，实则是1世纪末的作品。见戈岱司为《希腊拉丁作家远东古文献辑录》所写的"导论"第16页。

拉丁作家远东古文献辑录》的编者戈岱司完全同意李希霍芬的看法①。这一研究结论意味着，中印之间的交通线是从四川经云南和缅甸到达东印度、北印度、西北印度和中亚的。

　　亨利·玉尔《古代中国闻见录》第一卷，记载了10世纪时阿拉伯人麦哈黑尔东游写的《游记》，其中说到中国的都城名为新达比尔（Sindabil）。玉尔分析说："谓中国都城曰新达比尔（Sindabil），此名似阿拉伯人讹传之印度城名，如康达比尔（Kandabil）、山达伯尔（Sandabur）等，中国无如斯之城名也，其最近之音为成都府，《马可·波罗游记》作新的府（Sindifu），乃四川省之首府，五代时，为蜀国之都城。"②这条材料十分重要。10世纪时的中国，最初七年是唐末，多半时间属于五代十国时期，960年以后是北宋。这些政权的首府和唐、宋都城名称的读音，除蜀之成都外，没有一座城市的发音接近Sindabil和Sindifu，可见当时阿拉伯人是用Sindabil这个名称来指称中国都城的。从语音上分析，不论Sindabil还是Sindifu的词根，都与古希腊语Sina、Seres的词根完全一样，均为sin，而Seres、Sin均源出古印度梵语Cina，其他音节都是词尾，可见Sindabil、Sindifu的语源是从Sina、Seres演变而来的，而Sina、Seres又是从Cina演变而来的。这种演变关系的原因在于，由于最初经古印度传播到阿拉伯人手中的丝绸是成都生产的丝绸，而成都是蜀之都城，所以都城生产的丝绸这一概念在阿拉伯人心目中留下了极为深刻的印象，以至直到10世纪时还不但保留着成都（Sindabil）这一称呼，而且更用这个名称来指称阿拉伯人所认为的中国都城。玉尔说，阿拉伯人《麦哈黑尔游记》"谓中国都城曰新达比尔（Sindabil），此名似阿拉伯人讹传之印度城名"，恰好揭示出了丝绸产地成都（Sindabil）与丝绸中转地古印度（Sindhu）和丝绸到达

---

① 戈岱司编、耿昇译：《希腊拉丁作家远东古文献辑录》"导论"，中华书局1987年版，第30页。

② 张星烺：《中西交通史料汇编》第2册，中华书局2003年版，第781页；参看莫东寅：《汉学发达史》，第15页。

地阿拉伯之间的历史和路线关系，这是很有意义的。由此可以清楚地看出，不论 Seres（赛里斯）、Cina还是Sindifu所指的地域，其实都是我国西南地区的古蜀之成都。

印度著名学者谭中教授指出，欧洲人称中亚为Serindia，这个词的Ser是Seres或Serica的缩写，意思是"丝国"，是古代欧洲人对中国的称呼，Serindia的意思是"中印"。这与人们把东南亚半岛称为"印度支那"（Indochina）如出一辙。Serindia和 Indochina这两个概念，是指中印文明相互交流、相互激荡的大舞台。欧洲人到了Serindia和Indochina（中亚和东南亚半岛），就有中亚文明相互交叉影响的感觉，所以这样取名。而印度人自己的"印度"名称，来源于Sindhu这个名称，Sind是河流的名称，即是印度河，Sindhu一地现在位于巴基斯坦[1]，是著名的印度河文明的发祥地。根据这个认识来看，Seres这个名称，显然是与Sindhu（Sindhu，在波斯人那里讹变为Hindu，传入希腊后，希腊人又讹变为Indus，此即India名称的由来）这个名称一道，从印度西传到中亚地区的，欧洲人早在公元前4世纪就已知道Cina这个名称，而且把梵语的Cina一词，按照欧洲人的语言，音转成了西语的Seres。由此看来，Seres名称和Sindhu名称同传中亚，应该是从今印度经由巴基斯坦西传的。张骞所说蜀人商贾在身毒进行贸易活动，身毒即是Sindhu的汉语音译，指印度西北部印度河流域地区[2]。可以知道，从中国西南到印度，再从印度经巴基斯坦至中亚阿富汗，由此再西去伊

---

[1] ［印］谭中、（中）耿引曾：《印度与中国——两大文明的交往和激荡》，商务印书馆2006年版，第83、84、88页。

[2] 这里使用的印度这个概念，除特别指出外，多数情况下是指"地理印度"而不是"印度国家"。"地理印度"大致上相当于印度文明的地理范畴，包括今印度和巴基斯坦以及其他一些地区在内。我国古文献对印度的指称，有着多种译名，如：身毒、天竺、贤豆、欣都思、捐毒等等，而不同时期的译名所指称的地域范围有所差异。例如迦腻色迦创建的贵霜王朝在我国古文献里并不称身毒，而是初称大月氏，后称罽宾。参考［印］谭中、（中）耿引曾：《印度与中国——两大文明的交往和激荡》，商务印书馆2006年版，第80—81页。

朗和西亚、地中海，这条路线正是南方丝绸之路西线所途经的国际交通线。这与我国古文献《魏略·西戎传》所记载的蜀人商贾在"滇越"（东印度阿萨姆）进行贸易活动、《史记·大宛列传》所记载的蜀人商贾在身毒（西北印度）进行贸易活动的路线是恰相一致的。

克泰夏斯的生活时代是公元前4世纪，此时关于支那（Cina）的名称已经远播于印度[①]。古蜀人经云南、缅甸进入印度，一条主要的通道是从今东印度阿萨姆经北印度进入西北印度（身毒），这正与克泰夏斯把Seres和北印度联系在一起的记述相吻合，也与古蜀丝绸西传印度的年代、地域和路线相吻合[②]。应该说，这绝不是偶然的巧合。

以上分析说明，不论是对支那（Cina）还是对赛里斯（Seres）的深入研究，都表明丝绸之路是成都丝绸输往南亚、中亚并进一步输往西方的最早线路，成都作为丝绸之路的源头和南方丝绸之路的起点，是应有的结论。

六、成都：丝绸之路枢纽

成都不但是南方丝绸之路的起点，还是各条丝路的重要枢纽和连接点。自先秦时期，蜀人便打通了通往汉中、关中、西域、北方草原和南中国海的交通线，发展了与各条丝路间的经济文化关系。

古代从四川经云南出域外，分别至东南亚、缅甸、印度、阿富汗、中亚、西亚及欧洲地中海地区的国际交通线，学术界称为"南方丝绸之路"或"西南丝绸之路"，简称"南丝路"。南方丝绸之路的起点为我国西南古代文明的重心——成都，由此向南分为东、中、西三线南行：西线有东、西两条干道，西道为从四川经云南、缅甸到印度的"蜀身毒道"，东汉时又称"灵关道"或"牦牛道"，后称为川滇缅印道；东道为从四川经贵州入云南并在大理会合西道前行的"五尺道"，这条线路通

---

① 季羡林：《中国蚕丝输入印度问题的初步研究》，载所著《中印文化关系史论文集》，三联书店1982年版，第76页。

② 段渝：《中国西南早期对外交通——先秦两汉的南方丝绸之路》，《历史研究》2009年第1期。

三星堆地理位置及南方丝绸之路示意图

往中亚、西亚和欧洲地中海区域。中线为从四川经云南到越南的"步头道"和"进桑道",或又统称为"安南道",后来称为中越道。东线为从四川经贵州、广西、广东至南海的"牂牁道",或称为"夜郎道"。三条线路中,西线和中线在我国古代西南地区的对外经济文化交流中发挥了积极而重要的作用。

(一)连通中原

1. 金牛道

金牛道又称石牛道、剑阁道,"为入蜀咽喉"[1],是蜀地腹心地带成都平原通往汉中的最大交通动脉。从蜀至汉中再至西安,必须经过金牛道。秦汉时期,金牛道的走向和经过地点,学术界普遍认为是起于成都,经广汉—绵阳—梓潼—剑阁—汉阳场—葭萌而进抵汉中。

金牛道

2. 褒斜道

褒斜道的路径,《史记·河渠书》说:"褒之绝水至斜,间百余里,以车转,从斜下下渭。"《后汉书》卷6《孝顺帝纪》注引《三秦记》:"褒斜,汉中谷名,南谷名褒,北谷名斜,首尾七百里。"李之勤等学者经文献考证和实地调研指出,古褒斜道沿渭水南侧支流斜水(今名石头河)和汉水北侧支流褒水河谷行进,故名,也省称为斜谷道。其走向,首先由蜀之金牛道抵汉中,经褒城,出褒谷口,越七盘岭或穿石门洞,经孔雀台,沿褒水干流狭谷险段至褒河上游三源相会的西江口,又经两河口,西折入红岩河上游虢川平地,入石头河中游宽平的

---

① 严耕望:《唐交通图考》第四卷《山剑滇黔区》,《中研院历史语言研究所专刊》之八十三,台北,1986年版,第863页。

古蜀道褒斜道上的石门栈道

桃川河谷，翻老爷岭，东北入斜谷关，经眉县，过周至，西行至户县，再东北直抵西安①。

3. 故道

故道又名周道、嘉陵道、陈仓道，是蜀地通往关中的另一条重要干道。故道的走向，先由金牛道经五盘岭或阳平关至金牛镇，北至略阳，沿嘉陵江东北行，翻老爷岭，至白水江，北越青泥岭至徽县，东北折入两当县，东越嘉陵江支流永宁川、庙河、红岩河，入嘉陵江河谷狭谷区至凤县，东北经黄牛岭，越大散门，进抵渭水之滨的宝鸡②。

（二）连通长江流域

蜀有长江水道通于巴、楚，直抵吴、越。《史记·楚世家》所记"蜀伐楚，取兹方"，《史记·秦本纪》《华阳国志》等记载秦因蜀攻楚，即由此路。蜀与长江中下游各地的交往，都由此顺江东下。考古学上，成都平原与长江中下游文化交流互鉴的物质文化遗存也相当丰富。杜甫

---

① 李之勤等：《蜀道话古》，西北大学出版社 1986 年版，第 24 页。
② 李之勤等：《蜀道话古》，西北大学出版社 1986 年版，第 29 页。

成都锦江

成都锦江

唐联珠对鸡纹锦

唐花鸟纹锦

《绝句》所说"窗含西岭千秋雪,门泊东吴万里船",即是蜀与长江流域交通和文化交往的生动写照。

(三)连通西域

汉代和以后出西域西行中亚、西亚并抵东罗马安都奥克(Antioch,当即《魏略·西戎传》中的安谷城)的北方丝绸之路,其国际贸易中的物品相当多数是丝绸,而丝绸中的主要品种,便是巴蜀丝绸,其中大量的是蜀锦。在新疆吐鲁番阿斯塔那—哈拉和卓古墓群中,先后出土的大批织锦[1],均为蜀锦[2],其年代从南北朝到唐代均有,确切地表明蜀锦是西域丝绸贸易中的大宗重要商品。西域丝绸贸易中的大宗蜀锦,生产于成都,来源于成都,起运于成都,是由成都运出经由北方丝绸之路输往西方的主要中国丝绸。唐代吐鲁番文书中有"益州半臂""梓州小练"等蜀锦名目,并标有上、中、下三等价格[3],从一个侧面反映了产于四川的丝绸在西域进行贸易的情况。充分表明了蜀锦在中外经济文化交流中所占有的重要地位和发挥的重要作用。

(四)连通北方草原

蜀锦、蜀绣不但分别沿南、北丝绸之路传播到南亚、中亚、西亚和欧洲地中海文明区,而且还在战国时代向北通过北方草原地区传播到北亚,这条线路便是草原丝绸之路。考古学上,在俄罗斯阿尔泰山乌拉干河畔的巴泽雷克(Pazyryk)古墓群内(约公元前5世纪至公元前3世纪)[4],出土不少西伯利亚斯基泰文化的织物和中国的丝织品,丝织品中有用大量的捻股细线织成的普通的平纹织物,还有以红绿两种纬线斜纹显花的织锦,和一块绣着凤凰连蜷图案的刺绣。这块刺绣的主体图案是树和凤凰,这种形制的构图多见于先秦两汉时期的成都平原,其形态与三星堆神树十分相似,灵感应来源于三星堆青铜神树。而且,

---

① 《新疆出土文物图录》,文物出版社1975年版。
② 武敏:《吐鲁番出土蜀锦的研究》,《文物》1984年第6期。
③ 日本龙谷大学图书馆藏《大谷文书》第3097、3066号。
④ [苏联]鲁金科:《论中国与阿尔泰部落的古代关系》,《考古学报》1957年第2期。

巴泽雷克出土的刺绣及线描图

三星堆新近发现的斜纹丝绸，也与巴泽雷克发现的斜纹织锦相同。因此，巴泽雷克墓内出土的织锦和刺绣，必定是蜀锦和蜀绣。由此可见，最早经由草原丝绸之路输送到北亚地区的中国丝绸，是蜀地所产丝绸，而草原丝绸之路也是由此命名的，表明成都丝绸在我国北方草原地区与北亚地区文化交流中所发挥的积极作用。

（五）连通中国南海

从四川通往南中国海的牂牁道（也称夜郎道），早在先秦时就已经开通。贵州威宁新石器时代遗址出土的器物中，已有成都平原蜀文化的影响因素。贵州威宁、赫章等地春秋战国时期遗址和墓葬出土的大量蜀式青铜器，证实当时这些地区已经受到蜀文化的强烈影响，表明已有道路可通。《华阳国志·蜀志》记载说，蜀王杜宇以"南中为园苑"，南中指四川宜宾以南的贵州和云南。《华阳国志·蜀志》还说蜀王开明氏"雄张僚、僰"，僚即是指贵州地区，僰即僰道，今宜宾，即把四川宜宾和贵州西部地区纳入古蜀国的势力范围，其间道路自然是畅通无阻的。汉武帝时，为打通汉王朝与古印度和阿富汗地区的政治经济通道，数度开发西南夷，终于在西南夷地区重设郡县，重新打通了与西南夷地区的

贵州威宁新石器时代遗址出土的陶器

交通。尤其是以僰道为前沿和基地，大量征发巴蜀地区士卒整治从僰道到夜郎的传统交通线，并在沿途设置邮亭对道路进行管理，自此始有牂牁道的命名。可见，牂牁道是以宜宾为枢纽，北上巴蜀，南下岭南地区的。

四川宜宾自古出产蒟树和蒟酱。蒟树是蜀人最早栽培的一种木本植物，用蒟树果实制成的蒟酱，"蜀人以为珍味"①。《史记·西南夷列传》记载蒟酱"独蜀出"，但没有说明具体出产地区。《华阳国志·蜀志》"僰道县"下说，僰道出产"蒟"，即是蒟酱。清康熙二十五年《四川叙州府志·宜宾县》卷3"土产"记载说："蒟酱，《史记》蒟酱即此，俱出戎州。"清《四川通志》卷74《食货·物产》"叙州"下记载说："蒟酱，《史记》所载即此，各属俱出。"据《史记·西南夷列传》记载，汉初唐蒙在南越吃到蜀蒟酱，南越的蜀蒟酱乃是从夜郎经由牂牁江辗转输入，而夜郎之蜀蒟酱又是蜀商从蜀地"窃出"交易的。这说明，蜀商从宜宾收购到蒟酱后，先是通过牂牁江，然后再经广西把蒟酱贩运到广东，致使蜀蒟酱"流味于番禺之乡"②。后来，蒟酱又传入华北等地，成为众口所向的美味。

以宜宾为枢纽，经牂牁道通往两广和香港的道路，也早在古蜀三星堆文化时期已经开通。考古学上，在广东揭阳、香港南丫岛等地出土过来自古蜀地区三星堆文化的牙璋，而在三星堆文化遗址出土海贝中

①《史记·西南夷列传·索隐》引。
②《文选·蜀都赋》刘逵注。

香港大湾遗址六号墓出土的牙璋

的一部分则是来自南中国海。其间的交易通道，均应从成都平原到乐山、犍为、屏山、宜宾，经五尺道转牂牁道（夜郎道），沿红水河经广西、广东至南中国海。唐末以前，从广州贩卖到四川的东南亚的香药和奇珍异宝，大部分也是通过这条线路，中经宜宾五尺道枢纽到达成都平原的。

上述一系列史实表明，最早从我国进入古印度地区从事商业活动的是蜀人，由蜀人商贾长途贩运丝绸等蜀物到古印度而引起了丝绸的传播，由丝绸的传播而引起了丝绸之路的开通，进而连通并推动了古代中国与欧亚各古代文明的交流和互动。历史事实说明，四川丝绸沿丝绸之路输往四方八面，成都不但是我国丝绸的重要起源地，而且是连通东南西北各条丝路的重要枢纽，对于古代丝绸之路的形成、发展和繁荣，起到了十分重要的推动作用。